T0271223

المعايير المحاسبية الدولية والأداء المالي

للشركات الصناعية المساهمة العامة

تأليف

الدكتور/فارس جميل الصوفي

أستاذ مساعد / جامعة الإسراء

المملكة الأردنية الهاشمية

رقم الإيداع لدى دائرة

المكتبة الوطنية

(2010/6/2161)

657

الصوفي ، فارس جميل

المعايير المحاسبية الدولية والأداء المالي للشركات الصناعية المساهمة العامة ، فارس جميل الصوفي

عمان : دار جليس الزمان 2010.

ر.أ.: (2010/6/2161)

الواصفات: المحاسبة المالية// المعايير الدولية. القانون التجاري

- أعدت دائرة المكتبة الوطنية بيانات الفهرسة والتصنيف الأولية

ISBN 978-9957-81-108-2

يتحمل المؤلف كامل المسؤولية القانونية عن محتوى مصنفه ولا يعبر هذا المصنف عن رأي دائرة المكتبة الوطنية أو أي جهة حكومية أخرى.

الطبعة الأولى

2011

الناشر

دار جليس الزمان للنشر والتوزيع

شارع الملكة رانيا- مقابل كلية الزراعة- عمارة العساف- الطابق الأرضي, هاتف:

0096265356219 -- فاكس 009626 5343052

قال تعالى:

(قُلْ هَلْ يَسْتَوِي الَّذِينَ يَعْلَمُونَ وَالَّذِينَ لَا يَعْلَمُونَ إِنَّمَا يَتَذَكَّرُ أُولُو الْأَلْبَاب)

الزمر : 9

إهـــداء

إلـى

والدتي و أنشودة حياتي التي كان لها فضل

تربيتى وتعليمي أطال الـلـه في عمرها وجزاها الـلـه عنى خير الجزاء.

إلى أخي وصديق دربي

إلى زوجتى العزيزة

إلى أبنائي

إلى كل امرأة مربية وناجحة... إلى كل طالب علم...

إلى من هم للعلم منبر وللهداية كتاب وللحق نور إلى اساتذتي الاعزاء

إلى كل من شاركني غربتي... إلى اصدقائي وزملائي

إليكم جميعاً أهدى ثمرة جهدي

مع كل المحبة والود والإخلاص دوماً

الفصل الأول

الإطار العام للدراسة

1-1 خلفية الدراسة

2-1 مشكلة الدراسة

3-1 أهداف الدراسة

4-1 أهمية الدراسة

5-1 فرضيات الدراسة

6-1 منهجية الدراسة

7-1 مجال ومحددات الدراسة

8-1 التعريفات الاجرائية

9-1 هيكل الدراسة

1- 1 خلفية الدراسة

تشكل الشركات الصناعية نسبة كبيرة من عدد الشركات المساهمة المدرجة في السوق الأولى في بورصة عمان(سوق عمان المالي) (161) شركه[1]، كما أن مساهمة هذه الشركات الصناعية في القيمة السوقية لسوق عمان المالي تزيد عن (54%) من حجم السوق، وهو يقارب العشرة مليارات دولار أمريكي.

ونظراً للأهمية النسبية لشركات القطاع الصناعي في بورصة عمان فإن الباحث اختار الشركات الصناعية المساهمة العامة كمجال للبحث، حيث اهتم الباحث بمعرفة مدى تطبيق هذه الشركات الصناعية المساهمة العامة لمعايير المحاسبة الدولية لمعرفة أثر الإلتزام بتطبيق معايير المحاسبة الدولية على الأداء المالي للشركات الصناعية المساهمة.

1-2: مشكلة الدراسة

مما لا يخفى على أحد أن التطورات الأخيرة في التجارة العالمية من شأنها أن تؤدي إلى موجة جديدة من تخفيف القواعد والإجراءات وإصلاح الاقتصاديات المحلية. حيث أن الطلب على رؤوس أموال الأعمال التي يتوقع لها النمو من أسواق رأس المال الرئيسية تعتمد على توافق مبادئ المحاسبة العامة المحلية ومعايير المحاسبة الدولية. كما أن وجود معايير محاسبية تحكم أداء الشركات الصناعية المدرجة في سوق الأوراق المالية يلعب الدور الرئيسي في تزويد مستخدمي المعلومات المحاسبية في تقييم أسهم الشركات واتخاذ القرارات المناسبة بشأن أسهم هذه الشركة أو تلك.

وعلى المستوى العالمي وفي الأسواق الراسخة في الأوراق المالية يكون هناك إلزام للشركات بأن تتبع معايير محاسبية معينة تكون بمثابة المعين والمرشد لمستخدمي

(1) التقرير السنوي لبورصة عمان لعام 2003م.

المعلومات في تقييم أسهم الشركة، ونتيجة للإلزام الجماعي فإن ذلك يوفر آلية المقارنة بين أداء الشركات المختلفة من قبل الكثير من الجهات، الأمر الذي يترتب عليه دفع عجلة المنافسة بين الشركات المختلفة حسب قطاعاتها نحو المزيد من الإلتزام بتطبيق تلك المعايير.

أما في الدول النامية فقد كثرت الإشارات إلى أنه لا توجد معايير محاسبية معينة تلتزم بها جميع الشركات على نفس النحو تبعاً لمتغير القطاع، مما يعني أن في المعايير الدولية مخرج للدول النامية لتكون لها معايير سليمة تعكس الأداء المالي لشركاتها. ولكن يبقى السؤال الذي يطرح نفسه باستمرار حول مدى استفادة الدول النامية من معايير المحاسبة الدولية في انتاج معلومات مالية تفيد صانعي القرارات في الأسواق النامية في هذه الدول.

ومع أن بورصة عمان (سوق عمان المالي) مهتم بالمعلومات المحاسبية ونشرها حتى تكون بمتناول جميع المتعاملين مع السوق وليست حكراً على أحد دون الاخر، فقد تحددت مشكلة الدراسة بالتعرف على مدى تطبيق معايير المحاسبة الدولية من قبل الشركات الصناعية المساهمة العامة المدرجة في سوق عمان المالي، بالإضافة إلى علاقة تطبيق تلك المعايير على الأداء المالي لتلك الشركات.

ولاشك أن توحيد المعايير الدولية تؤدي الي الإستطراق من ناحية , وتجعل معايير القياس واحدة في كل انحاء العالم مما يسهل عملية التداول في داخل بورصة عمان أو تعاملها في الأسواق العالمية .

مما سبق ذكره يمكن طرح التساؤلات الاتية :

1- هل تلتزم الشركات الصناعية المساهمة العامة بتطبيق معايير المحاسبة الدراسة.

2- هل هنالك علاقة بين تطبيق معايير المحاسبة الدولية والاداء المالي لتلك الشركات .

3-1: أهداف الدراسة

تهدف الدراسة الى تحقيق الآتي :

1- التعرف على مدى التزام الشركات الصناعية المساهمة العامة والمدرجة في بورصة عمان بتطبيق معايير المحاسبة الدولية من خلال بيانات صافي الربح والعائد على الأصول وعائد السهم الواحد والقيمة السوقية للسهم والعائد على المبيعات والعائد على حقوق المساهمين.

2- التعرف على معايير المحاسبة الدولية غير المطبقة من قبل الشركات الصناعية المدرجة في سوق عمان المالي.

3- قياس العلاقة بين تطبيق معايير المحاسبة الدولية ومؤشرات الأداء المالي للشركات الصناعية الأردنية المساهمة العامة من ناحية درجة التطبيق.

4- التوصل إلى نتائج تتعلق بمدى تطبيق معايير المحاسبة الدولية في الشركات الصناعية وعلاقة ذلك بأدائها المالي.

5- اقتراح توصيات لتحسين تطبيق معايير المحاسبة الدولية في الشركات الصناعية وانعكاس ذلك على مؤشرات أدائها المالي.

4-1: أهمية الدراسة

هناك اهتمام عالمي من قبل الشركات المساهمة العامة بتطبيق معايير المحاسبة الدولية لما في ذلك من فوائد وأثار إيجابية متعلقة بالإفصاح عن البيانات المالية والشفافية في عمليات وأداء الشركات المساهمة، كذلك تحقيق الدقة والموضوعية في أعمال هذه الشركات، لذلك تنبع أهمية هذه الدراسة من كونها

الأولى من نوعها حسب اعتقاد الباحث من حيث تركيزها على معرفة مدى إلتزام الشركات الصناعية بتطبيق معايير المحاسبة الدولية وكذلك التعرف على الأثار المترتبة على عدم تطبيق هذه المعايير من حيث الأداء المالي للشركات الصناعية.

كما أن هذا البحث يعتبر ذو أهمية كبيرة من حيث الاهتمام بضرورة التوصل إلى إجراءات لتطوير تطبيق معايير المحاسبة الدولية في هذه الشركات.

كما سينتج عن هذه الدراسة توصيات تتعلق بمدى تطبيق هذه المعايير وأثر ذلك على مؤشرات أداء الشركات الصناعية ورفع هذه التوصيات إلى أصحاب القرار في هذه الشركات وإلى الجهات المعنية الأخرى في السوق المالي من اجل التطبيق والالتزام بهذه المعايير لما في ذلك من أثار إيجابية على مؤشرات الأداء المالي لهذه الشركات وذلك من حيث جودة المعلومات وإفصاحها عن البيانات الأساسية التي تساعد في تقييم الأداء المالي بالشركات وإمكانية الاعتماد عليها .

1-5: فرضيات الدراسة

انطلاقا من مشكلة البحث وأهداف الدراسة اقترح الباحث الفرضيات التالية:

الفرضية الأولى:

لا توجد علاقة ذات دلالة إحصائية بين مدى تطبيق معايير المحاسبة الدولية وكفاءة الأداء المالي للشركات الصناعية المدرجة في بورصة عمان مقاسة بالقيمة السوقية للسهم.

الفرضية الثانية:

لا توجد علاقة ذات دلالة إحصائية بين مدى تطبيق معايير المحاسبة الدولية وكفاءة الأداء المالي للشركات الصناعية المدرجة في بورصة عمان مقاسة بعائد السهم الواحد.

الفرضية الثالثة:

لا توجد علاقة ذات دلالة إحصائية بين مدى تطبيق معايير المحاسبة الدولية وكفاءة الأداء المالي للشركات الصناعية المدرجة في بورصة عمان مقاسة بالعائد إلى حقوق المساهمين.

الفرضية الرابعة:

لا توجد علاقة ذات دلالة إحصائية بين مدى تطبيق معايير المحاسبة الدولية وكفاءة الأداء المالي للشركات الصناعية المدرجة في بورصة عمان مقاسة بالعائد إلى المبيعات.

الفرضية الخامسة:

لا توجد علاقة ذات دلالة إحصائية بين مدى تطبيق معايير المحاسبة الدولية وكفاءة الأداء المالي للشركات الصناعية المدرجة في بورصة عمان مقاسة بالعائد إلى الأصول

6-1: منهجية الدراسة

اتبع الباحث في هذه الدراسة أسلوب المنهج الإستنباطي والمنهج الإستقرائي والمنهج التاريخي والمنهج الوصفي التحليلي للوصول إلى نتائج الدراسة من خلال تحليل البيانات المالية الإحصائية المتعلقة بمدى الالتزام بتطبيق معايير المحاسبة الدولية وأثر ذلك على الأداء المالي للشركات الصناعية المساهمة العامة المدرجة في بورصة عمان، ويتكون مجتمع الدراسة من الشركات الصناعية المساهمة العامة الأردنية المدرج أسهمها في بورصة عمان، وقد بلغ عدد هذه الشركات (87) شركة.

ويتمثل إطار عينة الدراسة في اختيار عينة عشوائية احتمالية بسيطة (Simple Random Sample) من الشركات الصناعية المساهمة العامة الأردنية المدرجة في بورصة عمان والتي يبلغ عددها (87) شركة، حيث بلغ حجم العينة (31) شركة أي بنسبة (35%) من مجتمع الدراسة، وتم اختيار حجم العينة بعد استبعاد الشركات الصناعية المساهمة العامة التي لم يتوفر عنها بيانات مالية من تقارير الشركات الصناعية للسنوات من 2000-2003م، كما هو مبين في الجدول التالي رقم: (1-1).

جدول رقم (1-1): إطار عينة الدراسة

وحدة الدراسة	مجتمع الدراسة	حجم العينة	مستوى المعنوية
الشركات الصناعية المدرجة في بورصة عمان	87	31	%35

كذلك تم جمع المعلومات من مصادر أولية من خلال استبيان تم تصميمه لهذا الغرض، وكذلك من خلال مقابلات شخصية مع المدراء الماليين لهذه الشركات.

وحول أساليب التحليل الإحصائي فقد اعتمد الباحث استخدام مقاييس النزعة المركزية المتمثلة في الوسط الحسابي واستخدام مقاييس التشتت والمتمثلة في المدى والانحراف المعياري ومعامل الاختلاف(Coefficient of Variation) بالإضافة إلى استخدام معامل الارتباط (Correlation).

7-1: مجال ومحددات الدراسة

نتيجة لطبيعة الدراسة المتعلقة بشركات القطاع الصناعي المدرجة في بورصة عمان ونظراً لعدم توفر البيانات الكافية عن الشركات الصناعية من حيث الأداء المالي لهذه الشركات لعدد متتابع من السنوات (Time Series) فقد خضعت الدراسة للمحددات التالية:

1- اقتصار الدراسة على شركات القطاع الصناعي دون سواها من قطاعات بورصة عمان والمتمثلة في قطاع البنوك وقطاع الخدمات وكذلك قطاع التأمين.

2- اقتصرت الدراسة على الشركات الصناعية المساهمة المدرجة في بورصة عمان للفترة (2000-2003) نظراً لعدم توفر البيانات المالية عن أداء هذه الشركات لسنوات تسبق عام 2000م.

3- اقتصرت الدراسة على عينة قصدية تشكل حوالي (35%) من مجتمع الدراسة نظراً لعدم توفر البيانات الكافية عن أداء جميع الشركات الصناعية المدرجة في بورصة عمان.

8-1: التعريفات الإجرائية

فيما يلي تعريف لأهم المصطلحات التي تم استخدامها في الدراسة:

1- المعيار المحاسبي الدولي[1] International Accounting standards

وهو عبارة عن مبادئ محاسبية متعارف عليها صادرة عن جهات دولية كمجلس المعايير المالية (FASB) ومجلس معايير المحاسبة الحكومية (GASB)

---

(1) عبد العال، طارق، وأخرون، معايير المحاسبة المصرية ،الإطار النظري، 1999.دار النشر

(2) أنس البكري , الاسواق المالية والدولية (عمان , 2002 , دار المستقبل للنشر) .

وذلك من أجل تطبيقها من قبل الشركات والمؤسسات لتحقيق أهداف محددة كالإفصاح المالي ومعايير القيمة العادلة ومعايير الشفافية والإهلاك وغيرها من المعايير.

2- الشركة الصناعية المدرجة في السوق المالي

هي عبارة عن مؤسسة تقوم بإنتاج سلعة أو تقديم خدمة صناعية، وهي شركة مساهمة عامة يتم إدراجها في السوق الأولي ويتم تسجيلها حسب الأسس التي تضعها هيئة الأوراق المالية [2]

.

3- السوق المالي Financial Market

هو السوق الذي يتم فيه تداول الأوراق المالية قصيرة الأجل وطويلة الأجل حيث يتم إصدارها في السوق الأولي، أما التداول فيكون في السوق الثانوي.

4- معايير الربحية[1] Profitability Standard

تتمثل في العائد على الاستثمار (ROI) ويمكن حسابه بقسمة صافي الربح بعد الفوائد والضرائب على مجموع الأموال المستثمرة مضروباً 100%، وتتمثل الربحية بالعائد على حقوق المساهمين (ROE) ويمكن حسابه بقسمة صافي الربح بعد الفوائد والضرائب على حقوق المساهمين مضروباً100%، وكذلك يمكن التوصل إلى ربحية الشركات الصناعية عن طريق العائد على الموجودات (ROA)

---

(1) رمضان، زياد، أساسيات في الإدارة المالية ، دار الصفاء للنشر و التوزيع ، عمان ، 1996.

(2) حسين علي خربوش داؤود , اساسيات الاستثمار بين النظرية والتطبيق , عمان , دار زهران للنشر 1999م .

ويتم ذلك بقسمة صافي الربح بعد الفوائد والضرائب على مجموع الأصول مضروباً 100% .

5- القياس Measurement

هو مقابلة أو مطابقة أحد خصائص مجال معين بخصائص مجال أخر، حيث يعتبر القياس أحد عناصر البحث العلمي، ومن خلاله يتم اختبار صحة الفروض والنتائج المحاسبية .

6- الإفصاح Disclosure

هو نشر البيانات وتزويد مستخدمي القوائم المالية معلومات إضافية عن أداء الشركة في عملية إعداد تلك القوائم المالية [(2)] .

7- السيولة(1) Liquidity

تتمثل بوجود أموال سائلة (نقد وشبه نقد) في الوقت المناسب وبالكميات المناسبة لتتمكن الشركة من سداد التزاماتها المالية في موعد استحقاقها وتحريك دورتها التشغيلية ومواجهة الحالات الطارئة، ويمكن حسابها عن طريق نسبة التداول والتي تسمى أحيانا بالمعدل الجاري وهي عبارة عن حاصل قسمة الأصول المتداولة على الخصوم المتداولة وأن معيارها النمطي هو 2-1 وكلما كان الجواب أكبر دل ذلك على أن سيولة المشروع أفضل، وكذلك نسبة السيولة السريعة (نسبة التداول السريعة) وهي عبارة عن حاصل قسمة الأصول المتداولة بعد طرح بضاعة أخر المدة على الخصوم المتداولة ومعيارها النمطي 1-1 وتعتبر هذه النسبة معياراً أكثر دقة لسيولة المشروع من معيار نسبة التداول .

---

(1) رمضان، زياد (مرجع سابق) .

(2) بورصة عمان النشرة الاحصائية الشهرية , دائرة الابحاث والعلاقات العامة , العدد 109 شباط 2002

8- **القيمة السوقية للسهم**[2] **Share Market Value** هو سعر إغلاق سهم الشركة في نهاية الفترة.

9- **معامل ارتباط سبيرمان اللامعلمي Non- parameter Spearman**

هو مقياس إحصائي لامعلمي يقيس الترتيب وبيانات مقياس ليكرت.

10- **معامل ارتباط بيرسون Pearson Correlation Coefficient**

هو مقياس إحصائي معلمي يقيس العلاقة بين متغيرين كميين.

11- **مقياس ليكرت: Likert Measurement**

هو مقياس نوعي خماسي يقيس درجة السلوك بالدرجة الأولى وأراء أفراد العينة باتجاه ظاهرة معينة.

1-9: هيكل الدراسة:

تشتمل هذه الدراسة على ستة فصول كالأتي :

الفصل الأول وتناول

المقدمة ويشمل خلفية الدراسة، مشكلة الدراسة، أهداف الدراسة، أهمية الدراسة فرضيات الدراسة، منهجية الدراسة، مجال ومحددات الدراسة،الدراسات السابقة، ماءميز هذه الدراسة، التعريفات الإجرائية، هيكل الدراسة.

الفصل الثاني تناول :

الدراسات السابقة الإنجليزية والعربية .

الفصل الثالث يتحدث عن :

الإطار النظري لمعايير المحاسبة الدولية.

الفصل الرابع تضمن :

بورصة عمان (سوق عمان المالي) والأداء المالي للشركات الصناعية.

الفصل الخامس تناول :

نتائج الدراسة واختبار الفرضيات.

الفصل السادس تحدث عن :

الملخص والنتائج والتوصيات .

الفصل الثاني

الدراسات السابقة

المقدمة :

1-2الدراسات باللغة العربية

2-2 الدراسات باللغة الإنجليزية

المقدمة

لم يكن الاهتمام بدراسة المعايير المحاسبية وأثرها على الأداء المالي للشركات الصناعية بذلك الاهتمام البالغ وخاصة على الساحة العربية والأردنية تحديداً، ولذلك ركز الباحث على الدراسات التي تبحث بالمتغيرات سابقة الذكر أعلاه، وخاصة في بورصة عمان وسيتناول الباحث ما يلي:

- الدراسات الأجنبية المتخصصة من مصادرها المختلفة وخاصة الصادرة عن هيئات علمية متخصصة.
- الدراسات باللغة العربية والمتعلقة في بورصة عمان وغيرها من الأسواق المالية العربية الأخرى .

وتتضمن هذه الدراسات العلاقة ما بين المعايير المحاسبية والأداء المالي على الساحتين العربية والأجنبية.

1-2: الدراسات العربية

في دراسة (جهماني والداود 2004)[1] حول التنبؤ بفشل الشركات المساهمة العامة الصناعية الأردنية باستخدام القياس المتعدد الاتجاهات، حيث هدفت هذه الدراسة إلى التوصل إلى مجموعة من النسب المالية الأكثر قدرة على التنبؤ بفشل الشركات الصناعية، حيث لخصت الدراسة أن مجموعة نسب التدفقات النقدية التشغلية هي اكثر النسب المالية قدرة وكفاءة على التنبؤ بفشل الشركات المساهمة العامة الصناعية الأردنية، كما أن نسبة الربحية تفسر الوجه الأخر لفشل الشركات أو نجاحها، بينما بقية النسب المالية فان لها قدرة اقل من نسب الربحية ونسب التدفقات النقدية على التنبؤ بفشل الشركات .

حيث أن هذه الدراسة قد اهتمت بالسيولة (التدفقات النقدية) وكذلك اهتمت بالربحية كعاملين مهمين في تقيم أداء الشركة والحكم عليها من حيث الفشل أو النجاح وبالتالي هي ذات صلة بالدراسة الحالية.

وقدم (زكريا صيام، 2003م)[1] دراسة بعنوان مدى إدراك أهمية استخدام البيانات المحاسبية في ترشيد قرارات الإنفاق الرأسمالي، حيث هدفت هذه الدراسة إلى إبراز أهمية استخدام البيانات المحاسبية في ترشيد قرارات الإنفاق الرأسمالي إضافة إلى تحديد مدى الاستخدام الفعلي للبيانات المحاسبية في ترشيد قرارات الإنفاق الرأسمالي والمعوقات التي تحد من مثل هذا الاستخدام.

---

(1) جهماني عمر، والأود احمد – التنبؤ بفشل الشركات المساهمة العامة الصناعية الأردنية باستخدام القياس متعدد الاتجاهات ، مجلة دراسات العلوم الإدارية – الجامعة الأردنية مجلد 31 – العدد 2 – 2004 .

(2) صيام، زكريا، دراسة ميدانية مطبقة على الشركات الصناعية المساهمة العامة الأردنية، في مؤتمر مستقبل مهنة المحاسبة والمراجعة القاهرة، من 19-20 مارس 2003.

وبتحليل الإجابات تبين أن القائمين على إدارات الشركات الصناعية يدركون أهمية استخدام البيانات المحاسبية في ترشيد قرارات الإنفاق الرأسمالي ولديهم قناعة كبيرة بهذه الأهمية، إلا أن الواقع العملي يشير إلى قلة استخدامهم لها بسبب وجود عدة محددات أهمها ارتفاع تكلفة الحصول على البيانات المحاسبية.

ومن استعراض نتائج هذه الدراسة تبين للباحث أن هذه النتائج ذات صلة بتطبيق المعايير المحاسبية على الشركات الصناعية حيث أظهرت الدراسة ارتفاع تكلفة تطبيق المعايير المحاسبية.

قدم (مصطفى البشاري ،2003م)[1] دراسة بعنوان دور المعلومات المحاسبية في ترشيد قرارات الاستثمار بسوق الخرطوم للأوراق المالية، حيث هدفت الدراسة إلى بيان دور المعلومات المحاسبية في ترشيد قرارات الاستثمار ودعم كفاءة سوق الخرطوم للأوراق المالية.

وقد توصل الباحث في نهاية الدراسة إلى ضرورة توفر التقارير المالية للمعلومات اللازمة للمستثمرين في الأوراق المالية وغيرهم والتي تمكنهم من اتخاذ قرارات الاستثمار في سوق الخرطوم للأوراق المالية.

وتقاس جودة هذه المعلومات بقدرتها على التنبؤ بالتدفقات النقدية المستقبلية سواء كانت في شكل توزيعات على الأسهم أو فوائد القروض كما أن المستثمرين في الأوراق المالية يهمهم أن توفر لهم التقارير والقوائم المالية للمعلومات المحاسبية التي تمكنهم من تقرير كمية وتوقيت صافي هذه التدفقات وتقييم درجة المخاطرة المصاحبة لهذه التدفقات.

---

(1) البشاري، مصطفى، دراسة مقدمة في مؤتمر مستقبل مهنة المحاسبة، القاهرة، من 19-20 مارس 2003.

كما توصلت الدراسة إلى أن هناك التزام غير كاف بمعايير المحاسبة المعتمدة والمطبقة من قبل الشركات المساهمة في سوق الخرطوم لعدة أسباب منها مرتبط بالفهم وقلة الخبرة ومنها ما هو مرتبط بعدم رغبة الشركات بتطبيق المعايير المحاسبية، كما ثبت أن كفاءة السوق ضعيفة، ووجد أن دور المراجعين الخارجيين ومجلس المحاسبين القانونيين السودانيين ضعيفاً ولا يسهم بصورة فاعلة في عملية الالتزام بتطبيق معايير المحاسبة بصورة تحقق أهداف مستخدمي القوائم المالية.

ولقد لاحظ الباحث أن نتائج هذه الدراسة كانت تتعلق بالشركات المساهمة ككل ولم تتحدث عن الشركات الصناعية على وجه التحديد.

وفي دراسة (منصور وحسين2003)[1] حول استراتيجية التنويع والأداء المالي في الصناعة الجلدية في العراق ،حيث هدفت هذه الدراسة إلى استعراض المؤشرات المالية المستخدمة في قياس الأداء المالي وان هذه النسب هي:

أولا: نسب الربحية والمتمثلة في:

أ- معدل العائد على الاستثمار(ROI) وهو صافي الربح بعد الفوائد والضرائب مقسوماً على مجموع الموجودات (النسبة النمطية 11.4%) .

ب- العائد على حقوق الملكية (ROE) وتقاس بقسمة صافي الربح بعد الضرائب ناقصاً توزيعات الأسهم الممتازة على صافي حقوق الملكية (النسبة النمطية 15%).

ج- القوة الإيرادية (EP) وهي حاصل ضرب معدل دوران الموجودات في هامش الربح الصافي من المبيعات (النسبة النمطية14.5%).

---

(1) منصور، طاهر وحسين حسين - استراتيجية التوزيع والأداء المالي في الصناعة الجلدية قي العراق - مجلة دراسات العلوم الإدارية - المجلد 30, العدد 2, 2003 .

د- هامش الربح من المبيعات (PMS) وتحسب بقسمة صافي الدخل بعد الضرائب على المبيعات الصافية (النسبة النمطية 5%).

ثانياً : نسب السيولة : فقد تمثلت في:

أ- نسبة التداول : وهي عبارة عن الموجودات المتداولة مقسوماً على المطلوبات المتداولة (النسبة النمطية2 : 1) .

ب- نسبة السيولة السريعة :حيث يحسم المخزون السلعي من الموجودات المتداولة قبل قسمتها على المطلوبات المتداولة (النسبة النمطية 1 : 1) .

ثالثاً : نسب النمو والمتمثلة في ا- نمو المبيعات :وهي تقارب نسبة سنة مالية معينة بالقياس إلى سنة ماضية (النسبة النمطية 7.2) .

ب- نمو الدخل الصافي : هي نسبة الدخل الصافي في السنة الحالية إلى الدخل الصافي في السنة الماضية (النسبة النمطية 10%) .

ج- القيمة المضافة : وهي قيمة الإنتاج الإجمالي بتكلفة عوامل الإنتاج أو بسعر السوق مطروحا منها المستلزمات السلعية والمستلزمات الخدمة والاندثرات .

أما نسب النشاط فقد تمثلت في:

أ- معدل دوران المخزون السلعي والمتمثل بقسمة تكليف البضاعة المباعة على متوسط المخزون السلعي (النسبة النمطية 9 مرات) .

ب- معدل دوران الذمم المدينة : يتم استخراجه بقسمة صافي المبيعات على رصيد الذمم المدينة.

ج- متوسط فترة التحصيل:وتحسب بقسمة عدد أيام السنة على معدل دوران الذمم المدينة (النسبة النمطية 20 يوم).

د- معدل دوران الموجودات : تستخرج بقسمة صافي المبيعات على مجموع الموجودات (النسبة النمطية مرتان).

هـ - معدل دوران الموجودات الثابتة: يتم التوصل إلية بقسمة صافي المبيعات على صافي الموجودات الثابتة (النسبة النمطية 5مرات).

و- معدل دوران رأس المال العامل : يمكن حسابه بقسمة صافي المبيعات على صافي راس المال العامل وهذه النسبة تقيس كفاءة الإدارة باستخدام راس المال العامل, فكلما ارتفعت كان ذلك مؤشرا للكفاءة (النسبة النمطية 1.8%) .

هذه الدراسة تعتبر ذات صلة بالدراسة الحالية من حيث تركيزها على معايير الأداء المالي للشركات الصناعية من حيث الربحية والسيولة والنشاط ولكنها أغفلت نسب السوق .

وفي دراسة (حسين خشارمة 2002)[1] حول تقيم أداء شركات القطاع العام في الأردن من وجهة نظر الشركات نفسها والأجهزة المسؤولة عنها، حيث هدفت هذه الدراسة إلى التعرف على مدى تطبيق شركات القطاع العام في الأردن لنظام تقييم الأداء المالي، حيث توصلت الدراسة إلى عدة نتائج كان من أهمها إن تقييم الأداء له جوانب نظرية وجوانب تطبيقية .

كما أوصت هذه الدراسة بضرورة استخدام بعض المؤشرات لتقييم أداء الشركات كأسلوب التكاليف المعيارية ونظام الحوافز، ومن الأدوات المستخدمة في عملية التقييم الربحية بالإضافة إلى معايير أخرى تتعلق باستخدام الموارد المالية

(1) خشارمة، حسين، تقييم أداء شركات القطاع العام في الأردن من وجهة نظر الشركات نفسها والأجهزة المسؤولة عنها ، دراسة ميدانية ، مجلة دراسات العلوم الإدارية ، الجامعة الأردنية ، المجلد29 ، العدد2، 2002 .

وكذلك معيار إنتاجية العمال. وقد استخدمت الأساليب الرياضية والإحصائية في دراسة القوائم المالية .

إن هذه الدراسة بحثت في معايير قياس الأداء في الشركات و بالتالي هي ذات صلة بموضوع الدراسة حيث يعتبر الأداء المالي أحد المتغيرات الرئيسية في الدراسة .

وفي دراسة (Makhamreh 2001) [1] حول أداء الشركات في الأردن، وقد بينت الدراسة أن دراسة الأداء هي مفهوم معقد من حيث التعريف والقياس حيث عرفت هذا الأداء بأنة نتيجة الأعمال وأن هناك عدد من المقاييس لقياس أداء الشركات حيث بينت الدراسات بان مقاييس الربحية ومقاييس تقيم أسعار الأسهم يعتبر من المقاييس المتعارف عليها لقياس فعالية الأداء، حيث قيست الربحية بالعائد على الاستثمار (ROI) والعائد على السهم (EPS) حيث إن العائد على استثمار هو مقياس شائع بينما سعر السهم وقيمته السوقية يعتبر من مقاييس أداء الشركات، حيث إن العائد على السهم يعتبر أحد هذه المقاييس.

وهذه الدراسة لم تشر إلى العلاقة بين تطبيق المعايير و أثرها على الأداء وهي موضوع الدراسة الحالية.

أما دراسة الخلايلة (2001)[1] فقد هدفت إلى اختبار العلاقة بين بعض مؤشرات الأداء المحاسبية, كمعدل العائد على الأصول, ومعدل العائد على حقوق الملكية, والعائد السوقي للسهم في الأجل الطويل. واشتملت عينة الدراسة على

---

(1)Makhamreh، Muhsen، Corporate Performance in Jordan : Analysis and Evaluation، Dirsat, Administrative Sciences, Volume 28 , No.1, 2001 .

(2) الخلايله، محمود (2001)، العلاقة بين مؤشرات الأداء المحاسبية ومؤشرات الأداء السوقية، دراسات، الجامعة الأردنية، مجلد 28، عدد 1، 93-110.

40 شركة مساهمة عامة مدرجة في السوق المالية الأردنية , للفترة بين العامين 1984 و 1996، تمكن من خلالها الباحث من تقديم دليل عملي على وجود علاقة موجبة وذات دلالة إحصائية بين العائد السوقي للسهم من جهة، وكل من معدل العائد على الأصول ومعدل العائد على حقوق الملكية من جهة أخرى، علماً بأن قوة هذه العلاقة تزداد بزيادة فترة الاختبار، باستثناء العام 1989 الذي شهد تراجعا كبيرا في قيمة الدينار الأردني .

ودراسة أسامة حول أثر محددات هيكل رأس المال على الأداء المالي للشركات الصناعية المساهمة العامة في الأردن (1990 - 1999) [1] . تهدف هذه الدراسة إلى معرفة اثر محددات هيكل رأس المال على الأداء المالي للشركات الصناعية المساهمة العامة في الأردن (1990 - 1999) حيث شملت محددات هيكل رأس المال تسعة محددات تمثل المتغيرات المستقلة , وهي تركز الملكية والأصول القابلة للضمان والوفورات الضريبية من غير فوائد القروض والرافعة المالية وتفرد الشركة ونمو الشركة وحجم الشركة والمخاطر التشغيلية . أما الأداء المالي الذي يمثل المتغير التابع فتم استخدام مؤشرين لقياسه وهما : العائد على حقوق الملكية والعائد على الأصول.

هذا وقد اعتمدت هذه الدراسة على البيانات الواردة في التقارير المالية السنوية التي تصدرها الشركات الصناعية من عام 1990 إلى عام 1999، ودليل الشركات العامة الأردنية الذي تصدره بورصة عمان للأوراق المالية لنفس الفترة السابقة .

---

(1) أسامة هيا جنة ، أثر محددات هيكل رأس المال على الأداء المالي للشركات الصناعية المساهمة العامة في الأردن (1990 ، 1999) ، رسالة ماجستير غير منشورة- جامعة آل البيت - المفرق ، 2001م .

اشتملت عينة الدراسة على اثنتي عشرة شركة من الشركات الصناعية المساهمة العامة في الأردن، منها أربع شركات صناعية كبيرة الحجم وثماني شركات صناعية صغيرة الحجم توافرت عنها البيانات اللازمة للدراسة.

وقد تم استخدام الأساليب الإحصائية المختلفة والمناسبة لتحليل البيانات للوصول إلى النتائج . ولذلك توصلت الدراسة إلى مجموعة من النتائج، يمكن تلخيصها بالنقاط التالية :

- تعتمد الشركات الصناعية الأردنية على مصدرين رئيسين للتمويل وهما : **التمويل الداخلي** الممثل برأس المال المدفوع والاحتياطات و**التمويل الخارجي** المكون من القروض طويلة الأجل.

- استحوذ التمويل الذاتي على الحصة الأكبر من هيكل رأس المال للشركات الصناعية فشكل ثلاثة أرباع هيكل رأس المال الكلي، فيما لم تشكل القروض طويلة الأجل سوى ربع هيكل رأس المال الكلي.

- تختلف خصائص هيكل رأس المال للشركات الصناعية عن بعضها البعض، فقد لوحظ بأن الشركات الصناعية كبيرة الحجم قد استحوذت على الجزء الأكبر من هيكل رأس المال الكلي مقارنة بالشركات الصناعية صغيرة الحجم .

- أما فيما يتعلق بنتائج التقدير لأثر محددات هيكل رأس المال على الأداء المالي للشركات الصناعية، فقد استحوذت على نصف رأس المال الكلي.

فقد هدفت دراسة الدبعي وأبو نصار (1999)[1] إلى اختبار مواصفة العلاقة بين العوائد السوقية للأسهم والأرباح المحاسبية , وقد تم تطبيق هذه الدراسة على الشركات المساهمة العامة الأردنية الصناعية والخدمية، خلال الفترة بين عامي

---

(1) أبو نصار، محمد، ومأمون الدبعي، (2002) المضمون المعلوماتي للعناصر الرئيسه لقائمة الدخل، مجلة دراسات، الجامعة الأردنية، المجلد 29، عدد 2، ص ص 278-294.

1986 و 1996 , والبالغ عددها 63 شركة، خضع منها للدراسة 47 شركة استوفت شرطي الإدراج في عينة الدراسة كما حددها الباحثان .

استخدمت الدراسة أربع فرضيات تتعلق بين كل من متغيري "مستوى الأرباح" و"التغير في الأرباح" من جهة كمتغيرين مستقلين، ومتغير العائد السوقي من جهة أخرى كمتغير تابع، والقوة التفسيرية لكل من المتغيرين المستقلين بالنسبة للمتغير التابع، وقد صمم الباحثان نموذج علاقة العوائد بالأرباح كعلاقة خطية، ثم تحليلها وفقا لأسلوب نموذج انحدار المربعات الصغرى، والتعرف على المضمون المعلوماتي للأرباح بالاستناد إلى معامل الميل في النموذج، والذي يعرف في الأدب المحاسبي بمعامل استجابة الأرباح، والى القوة التفسيرية للنموذج .

وقد أظهرت نتائج الدراسة أن متغير "مستوى الأرباح" ومتغير "التغير في الأرباح" متغيران ملائمان لتفسير التغير في أسعار الأسهم، وان متغير "مستوى الأرباح" أهم من متغير "التغير في الأرباح" في عملية تفسير التذبذبات في عوائد الأسهم . وقد أشارت نتائج الدراسة إلى أن إدخال كلا المتغيرين في نموذج علاقة العوائد بالأرباح , يؤدي إلى انخفاض خطأ قياس "الأرباح غير المتوقعة" وأن خطأ القياس الناتج عن استخدام متغير "مستوى الأرباح" هو أقل من ذلك الناتج عن استخدام متغير "التغير في الأرباح" .

وفي دراسة (منار نزال1999) [1] حول مدى التزام الشركات الصناعية الأردنية بالسياسات المحاسبية في ضوء المعايير المحاسبية الدولية، حيث بينت الدراسة أن الشركات المساهمة العامة قد التزمت بالمعايير المحاسبية المتعلقة بالاستهلاك بنسبة كبيرة بينما كان التزامها بالمعايير المحاسبية المتعلقة بالبضاعة ضعيفا حيث اتبعت هذه

---

(1) نزال منار 1999 – مدى التزام الشركات الصناعية الأردنية بالسياسات المحاسبية في ضوء المعايير المحاسبية- جامعة الزيتونة – عمان .

الشركات أساليب تختلف عن تلك الواردة في معايير المحاسبة الدولية، ولكن هذه الدراسة لم تبحث في العلاقة بشكل مباشر بين تطبيق معايير المحاسبة الدولية والأداء المالي لهذه الشركات الصناعية وهذه الدراسة لها علاقة بالدراسة من حيث بحثها للعلاقة بين نوعية البينات المحاسبية والتي لها علاقة بتطبيق المعايير المحاسبية ومعايير الأداء المالي للشركات الصناعية .

في دراسة لـ (Al – Rai and Dahmash, 1998) [1]، تتعلق بآثار تطبيق معايير المحاسبة والتدقيق الدولية على مهنة المحاسبة في الأردن. وقد استخدم الباحثان استبانة وزعت على عينة من مدققي الحسابات القانونيين وأساتذة الجامعات الأردنية، وقد أظهرت نتائج الدراسة أن ما نسبته 95.24% من المدققين في عينة الدراسة يطبقون معايير المحاسبة والتدقيق الدولية، وما نسبة 95% من عملائهم يطبقون هذه المعايير، وهذه النسب العالية تشير إلى الحاجة الماسة للحصول على معلومات محاسبية ملائمة بالنسبة للاقتصاد الأردني، كما يعتقد ما نسبته 83% من المدققين الذين شملتهم الدراسة يعتقدون بفائدة المعلومات الناتجة عن تطبيق المعايير الدولية وأثرها الإيجابي على الاقتصاد الأردني. كما بينت الدراسة وجود صعوبات في تطبيق معايير المحاسبة والتدقيق الدولية سببها:

- بعض التشريعات والأحكام القانونية التي تتعارض مع معايير المحاسبية الدولية مثل قانون الضريبة وقوانين التأمين والبنوك .

- للشركات المساهمة الأردنية بيئة مختلفة عن تلك الخاصة بالشركات المساهمة العالمية، كما أنها تختلف من حيث حجمها .

Ziad K. Al – Rai and Naim Dahmash. " The Effects of Applying (2) International Accounting and Auditing Standards to the Accounting Profession in Jordan". In Advances in International Accounting. JAI Press Inc., 1998. PP 179 – 193.

- عدم وجود نظم تكاليف دقيقة في معظم الشركات الصناعية الأردنية المساهمة.

- تدخل أصحاب الشركات في عمل الإدارة .

- عدم إلزامية تطبيق معايير المحاسبة والتدقيق من قبل الحكومة*.

- عدم تفهم مستخدمي البيانات المالية لأهمية تطبيق معايير المحاسبة والتدقيق الدولية .

كما بينت الدراسة مزايا تطبيق معايير المحاسبة والتدقيق الدولية في الأردن كالآتي :

- تزود معايير المحاسبة والتدقيق الدولية الأساسيات التي ستقود إلى توحيد وتماثل الإجراءات المحاسبية والتدقيق في الأردن وبالتالي تنتهي التفسيرات الفردية السائدة بالنسبة لهذه الإجراءات .

- سيزيد تطبيق معايير المحاسبة والتدقيق الدولية من القدرة على مقارنة القوائم المالية للشركات المختلفة محلياً ودولياً .

- سيساعد تطبيق معايير المحاسبة والتدقيق الدولية المحللين الماليين من التوصل إلى مقارنات ومعلومات صحيحة من القوائم المالية للشركات المختلفة .

- سيطور تطبيق معايير المحاسبة والتدقيق الدولية مهنة المحاسبة في الأردن بإضافة عنصر الثبات والاستقرار للمهنة وتحسين نوعية المعلومات التي تحتويها القوائم المالية .

*** لقد اعتمدت هيئة بورصة الأوراق المالية في الأردن معايير المحاسبة والتدقيق الدولية بالنسبة للشركات المساهمة الأردنية التي تتداول أسهمها في البورصة بموجب تعليمات الإفصاح.**

- إن الإبلاغ المالي (نشر التقارير) المفيد سوف يقود إلى الثقة المتزايدة في أسعار أسهم الشركات المتداولة في سوق البورصة. الأمر الذي سيساعد في تشجيع الاستثمار وبالتالي سيعود على ازدهار الاقتصاد بشكل عام.

- إن استخدام معايير المحاسبة والتدقيق الدولية سينتج عنها إنتاج معلومات مالية مفيدة وصحيحة يعتمد عليها في عملية اتخاذ القرارات وإجراء البحوث .

- إن استخدام معايير المحاسبة والتدقيق الدولية سيسارع من تطوير معايير محاسبة ومراجعة وتدقيق أردنية وعربية .

- سيحسن تطبيق معايير المحاسبة والتدقيق الدولية من عملية الاتصال بين المحاسبين المحليين ونظرائهم في أنحاء العالم.

- إن استخدام معايير المحاسبة الدولية سوف يقدم حماية أكبر للمساهمين والجمهور بشكل عام.

- نتيجة تطبيق معايير المحاسبة والتدقيق الدولية ستصبح الإدارة مسؤولة بدرجة أكبر بالنسبة لأدائها.

- نتيجة تطبيق معايير المحاسبة والتدقيق الدولية سوف تتلاشى أوجه التضارب في الممارسات والبدائل المحاسبية.

لم تتطرق هذه الدراسة إلى متطلبات الإفصاح وفقاً لهيئة الأوراق المالية في الأردن، بل ركزت على أهمية تطبيق معايير المحاسبة الدولية وأثرها على زيادة الثقة في أسعار اسهم الشركات المتداولة في سوق البورصة، والذي بدوره يساعد على تشجيع الاستثمار من جهة واتخاذ القرارات الاقتصادية الرشيدة من جهة أخرى.

أما دراسة (القضاة، 1997م)[1] فقد هدفت إلى معرفة رأي الشركات المساهمة العامة المدرجة في سوق عمان المالي بعملية تقييم وتسعير السوق المالي لأسهمها و الإجراءات الممكنة التي يمكن للشركة القيام بها للتأثير على سعر السهم، وقد اعتمدت هذه الدراسة على أسلوب المسح البريدي (Mail Survey) بواسطة الإستبانة وقد بلغ عدد الاستبيانات التي أعيدت (37) استبانه من أصل (96) إستبانة.

وقد أظهرت نتائج الدراسة أن الأسهم في سوق عمان المالي غير مسعرة بشكل صحيح ليس فقط بسبب أن السوق المالي قصير النظر، بل أيضا بسبب سوء نوعية المعلومات المحاسبية المستخدمة في التقييم من قبل السوق والنقص في الكوادر المتخصصة القادرة على التسعير.

يرى الباحث أن نتائج هذه الدراسة ذات صلة بالشركات المساهمة العامة الأردنية المدرجة في سوق عمان المالي ورأيها في عملية تقييم أسهمها والمتمثل في اعتبار أن تسعير الأسهم لا يتم بشكل عادل بسبب نوعية المعلومات المحاسبية المستخدمة في السوق المالي نتيجة لعدم تطبيق المعايير المحاسبية.

يمكن القول أن هناك علاقة بين نوعية البيانات المحاسبية للشركات الصناعية والأداء المالي لأسهم هذه الشركات .

ودراسة خالد أمين عبد الله (1995) [2] بعنوان " **الإفصاح ودوره في تنشيط التداول في أسواق رأس المال العربية** ". هدفت هذه الدراسة إلى ما يلي:

---

(1) القضاة، كمال، 1997، الشركات المساهمة العامة ونظرتها إلى تقييم السوق المالي لأسهمها، مجلة أبحاث اليرموك "سلسلة العلوم الإنسانية والاجتماعية " المجلد 3، العدد (1/ب)، ص ص 55-71.

(2) خالد أمين عبد الله، "الإفصاح ودوره في تنشيط التداول في أسواق رأس المال العربية"، المحاسب القانوني العربي، العدد 92، تشرين أول، 1995، ص ص 38 - 44.

1- تنشيط التداول في أسواق رأس المال العربية .

2- ضرورة إظهار القوائم المالية للمعلومات الرئيسية ذات الأهمية النسبية بصورة صحيحة ودقيقة، بحيث تخدم فئات مستخدمي هذه التقارير لتمكينهم من اتخاذ القرارات السليمة والرشيدة للاستثمار (الإفصاح في التقارير المالية) .

وقد توصلت هذه الدراسة إلى النتائج التالية :

1- القوائم المالية بوصفها الحاضر هي قوائم ذات طبيعة عامة تقوم بخدمة أغراض متعددة، ومن أهم هذه الأغراض أو القرارات هي القرارات المتعلقة بالاستثمار في أسهم الشركة وتقييم أداء المشروع عن الفترة الماضية .

2- إن القوائم المالية معدة بافتراض أن مستخدميها لهم إلمام بالمفاهيم الأساسية للمحاسبة المالية والعلاقات التجارية والاقتصادية .

3- إن كمية المعلومات التي يجب الإفصاح عنها هي المعلومات التي تحددها وتتطلبها القواعد المحاسبية المتعارف عليها كحد أدنى، وكذلك المعلومات المكملة التي تجعل القوائم المالية غير مضللة.

4- يعتبر استعمال الملاحظات في الهوامش تطوراً ملموساً في اتجاه الإفصاح الكافي لما يوفره من معلومات تعجز عن توفيرها القوائم المالية .

5- أهمية الجداول والملاحق الإضافية .

6- تقرير مدقق الحسابات والتحفظات التي يحتويها .

7- الميزانيات المقارنة للقوائم المالية عن السنوات الماضية .

8- وسائل أخرى مكملة لخطاب رئيس مجلس الإدارة .

9- الرسوم والبيانات الإحصائية .

10- توقيت الإفصاح عن المعلومات، حيث أن القوائم المالية المتعلقة بنهاية السنة المالية يعتبرها البعض قليلة القيمة إذا لم يتم إصدار قوائم مالية دورية لفترات أقل من السنة وذلك لأن الكثير من الأهداف الهامة قد تحدث خلال السنة.

أما استانبولي (1995)[1] فقد سعت من خلال دراستها إلى اختبار اثر التغير في النفقات الرأسمالية لدى الشركات المساهمة العامة الأردنية على أسعار وحركة أسهم تلك الشركات حول تاريخ حدوث الحدث المؤدي للتغير، وحول تاريخ الإفصاح عن هذا التغير في القوائم المالية، مع الأخذ بعين الاعتبار اثر حجم الشركة على العلاقات قيد الدراسة .

عرّفت الدراسة "التغير في النفقات الرأسمالية" بأنه التغير في حجم الأصول الثابتة لدى الشركات والناتج عن قرارات استثمارية مختلفة، وقد تم تطبيق الدراسة على عينة مكونة من 39 شركة مساهمة عامة أردنية، وبواقع 125 حدثا أدى لتغير النفقات الرأسمالية لدى تلك الشركات خلال بين 1988 - 1993.

استخدمت الدراسة نموذج الانحدار الخطي البسيط بالاعتماد على اختبار t للحكم على مدى معنوية العلاقات قيد الدراسة، كما استخدمت قيمة R2 لاختبار القوة التفسيرية الإضافية للمتغير المستقل، وقد أظهرت نتائج الدراسة وجود اثر سلبي ذي دلالة إحصائية للتغير في النفقات الرأسمالية على سعر السهم حول تاريخ حدوث الحدث المؤدي لهذا التغير لدى الشركات صغيرة الحجم، في حين لم يكن هذا الأثر ذا دلالة إحصائية لدى الشركات كبيرة الحجم .

---

(1) استانبولي، غدير (1995)، اثر التغير في النفقات الرأسمالية على أسعار وحركة الاسهم، رسالة ماجستير في المحاسبة غير منشورة، الجامعة الأردنية، عمان، الأردن.

كما أظهرت الدراسة نتائج تتفق مع وجود اثر إيجابي ذي دلالة إحصائية للتغير في النفقات الرأسمالية على حجم التداول في الأسهم حول تاريخ حدوث الحدث المؤدي لهذا التغير لدى الشركات كبيرة الحجم، في حين لم يكن هذا الأثر ذا دلالة إحصائية لدى الشركات صغيرة الحجم .

من ناحية أخرى، لم تتوصل الدراسة إلى وجود علاقة ذات دلالة إحصائية بين التغير في النفقات الرأسمالية والتغير في أي من سعر أو حجم التداول فيه حول تاريخ الإفصاح عن التغير في النفقات الرأسمالية في القوائم المالية سواء لدى الشركات الصغيرة أو الكبيرة الحجم .

ودراسة سحر حول الأداء المالي للشركات المساهمة العامة الصناعية الأردنية دراسة لمدى تطبيق نظرية الوكالة لعام 1994[1]

إن نظرية الوكالة تعتبر من النظريات المهمة التي تحدد طبيعة العلاقة بين ملاك الشركات المساهمة العامة والمديرين الموكلة إليهم إدارة أعمال الشركة، وقد جاءت هذه الدراسة لتبين العوامل المرتبطة بأداء مديري الشركات المساهمة العامة ومدى علاقتها وربحية الشركة، وذلك لبيان أهم مبادئ نظرية الوكالة ومدى تطبيقها في الشركات المساهمة العامة الصناعية الأردنية .

لقد افترضت الباحثة أن هناك أربعة عوامل تعتبر من أهم العوامل المرتبطة في تقييم أداء المديرين وتقييم البرامج والخطط الخاصة بالشركات وتحليلها من خلال نسبة مساهمة المدير وأعضاء مجلس الإدارة في رأس مال الشركة، ونوع العقد المبرم وتصميمه (الاتفاقية) بين المدير وملاك الشركة وفعالية نظام الرقابة الداخلية، وكفاءة نظام المعلومات.

(1) سحر ديب، الأداء المالي للشركات المساهمة العامة الصناعية الأردنية ، دراسة لمدى تطبيق نظرية الوكالة ،رسالة ماجستير في المحاسبة غير منشورة ، الجامعة الأردنية ، عمان ، 1994 .

تم إعداد استبانه تتألف من أربعة أجزاء يتضمن كل جزء مجموعة من الأسئلة تتعلق بالعوامل المستقلة الأربع .

وأما عينة الدراسة فقد تم توزيع 185 استبانه في أربعين شركة، وتم استرداد 63 استبانه تكون نسبة الردود 34% تمثل ردود عشرين شركة.

وتم حساب متوسط الوزن لكل بند من المعلومات في الاستبانة، ثم تم حساب مؤشر لمتوسط الوسط الحسابي لكل جزء من أجزاء الرسالة. وتم حساب مؤشر المنوال لكل بند من بنود المعلومات لكل جزء من أجزاء الرسالة، ثم تم تحليل إجابات المشاركين باستخدام المقاييس الإحصائية كإيجاد التوزيعات التكرارية والانحرافات المعيارية.

ولاختبار درجة العلاقة بين المتغيرات المستقلة الأربع واتجاهها والمتغير التابع : الربحية، والتي تمت الإشارة إليها بمؤشرين هما معدل العائد على الأصول ومعدل ربحية السهم , وتم استخدام تحليل الانحدار المتعدد للتنبؤ بقيمة المتغير التابع.

ومن أهم النتائج التي خلصت إليها الباحثة وجود علاقة ارتباط عكسية مهمة إحصائيا بين نسبة مساهمة المدير (مجلس الإدارة) وربحية الشركة. وهذه النتيجة لا تنسجم مع العلاقة المفترضة في الفرضية الأولى، وعلاقة الارتباط بين نوع العقد المبرم وتصميمه وربحية الشركة علاقة إيجابية، وهذه النتيجة تنسجم مع العلاقة النظرية المفترضة في الفرضية الثانية، وثمة علاقة ارتباط عكسية غير مهمة إحصائيا بين فعالية نظام الرقابة الداخلية وربحية الشركة. وهذه النتيجة لا تنسجم مع العلاقة النظرية المفترضة في الفرضية الثالثة، وعلاقة الارتباط بين كفاءة نظام المعلومات وربحية الشركة علاقة إيجابية وان كانت غير إحصائية. وهذه النتيجة تنسجم مع العلاقة النظرية المفترضة في الفرضية الرابعة.

وقد أشارت دراسة (قويدر، 1993م)[1] التي هدفت إلى القيام بدراسة تحليلية لاتجاه أسعار الأسهم في الشركات المساهمة العامة المدرجة في سوق عمان المالية بالتطبيق على نموذج السير العشوائي، ولوحظ من خلال الدراسة أن التغيرات في أسعار الأسهم مستقلة لأن المعلومات والبيانات تنعكس على الأسعار أولاً بأول هذا من ناحية، ومن ناحية أخرى لا يمكن الاستفادة من البيانات التاريخية (الأسعار) في التنبؤ بأسعار الأسهم المستقبلية وتحقيق أرباح ومكاسب غير عادية.

كما أن التغيرات في أسعار الأسهم لها خصائص التوزيع الطبيعي عبر الفترة الزمنية المدروسة، بمعنى أن الأسعار تتشتت حول الوسط الحسابي وفق خصائص التوزيع الطبيعي , فمن وجهة نظر الباحث فإن نتائج هذه الدراسة تتعلق باتجاهات أسعار أسهم الشركات المساهمة المدرجة في سوق عمان المالي بما في ذلك الشركات الصناعية ولكن هذه الدراسة لم تشير إلى أثار تطبيق المعايير المحاسبية على أسعار الأسهم وحجم تداول أسهم هذه الشركات.

قام الباحث (رسلان 1992)[2] بدراسة الهياكل المالية في الشركات الصناعية المساهمة العامة المدرجة في سوق عمان المالي وتبين للباحث أن الهيكل المالي لهذه الشركات يؤثر على أسعار الأسهم وعلى أدائها المالي حيث قامت هذه

---

(1) قويدر، علي، 1993، دراسة تحليلية لاتجاه أسعار الأسهم للشركات المساهمة العامة المدرجة في سوق عمان المالية بالتطبيق على نموذج السير العشوائي، رسالة ماجستير غير منشورة، الجامعة الأردنية.

(2) رسلان ديرا نية، الجامعة الأردنية، محددات الهيكل المالي في الشركات الصناعية المساهمة في الأردن، رسالة ماجستير في المحاسبة غير منشورة - كلية الدراسات العليل - الجامعة الأردنية - عمان ، 1992م.

الشركات بالاعتماد على مصادر داخلية للتمويل ومن مصادر خارجية عن طريق الاقتراض مما ينعكس على ربحية أسهم هذه الشركات.

حيث تم اختيار (24) شركة صناعية مدرجة في سوق عمان المالي وقام الباحث بتحليل البيانات لهذه الشركات، واستخلص نتائج متعلقة بالمؤشرات المحاسبية والمالية وعلاقتها بالهياكل المالية للشركات الصناعية.

وتوصل الباحث إلى أن هناك علاقة إيجابية وهامة إحصائياً بين ربحية أسهم الشركات وبين الهياكل المالية لهذه الشركات، واقترح الباحث قيام الشركات الصناعية بإصدار أسهم جديدة أو الاقتراض بناءً على اتجاه أسعار أسهمها.

يعتقد الباحث أن هذه الدراسة تعتبر جيدة من ناحية تركيزها على الشركات الصناعية المساهمة المدرجة في سوق عمان المالي من حيث الربط بين الأداء المالي لهذه الشركات وبين هياكل التمويل فيها ولكنها لم تتطرق إلى دور المعايير المحاسبية وأثرها على الأداء المالي لهذه الشركات الصناعية.

وفي دراسة مسودة (1992) [1] بعنوان :" **مدى اعتماد الشركات المالية (البنوك والمؤسسات المالية) على القوائم المالية المدققة الصادرة عن الشركات المساهمة العامة الأردنية في اتخاذ قرارات الاستثمار وقرارات الائتمان**". حيث هدفت هذه الدراسة إلى تحديد الأهمية النسبية للقوائم المالية المدققة الصادرة عن الشركات المساهمة العامة الأردنية والعوامل التي تزيد من موثوقية ومصداقية هذه القوائم والتحقق من جدوى وواقعية مفهوم القوائم المالية ذات الأغراض العامة.

ولقد أظهرت هذه الدراسة النتائج التالية :

---

(1) سناء مسودة، " مدى اعتماد الشركات المالية (البنوك والمؤسسات المالية) على القوائم المالية المدققة الصادرة عن الشركات المساهمة العامة الأردنية في اتخاذ قرارات الاستثمار وقرارات الائتمان"، رسالة ماجستير في المحاسبة غير منشورة، الجامعة الأردنية، عمان، الأردن، 1992 .

1- اعتبرت القوائم المالية المدققة من أهـم مصـادر المعلومـات التـي يـتم الاعـتماد عليهـا في اتخـاذ القرارات من وجهة نظر كل من المستثمرين والمقرضين، مما يعني إمكانية تدعيم نظـام المعلومـات المحاسبي من خلال التأثير على محتوى القوائم المالية المدققة لتلائم أغراض مستخدميها .

2- اتفقت فئتا المستثمرين والمقرضين على أهمية مصـادر المعلومـات التاليـة بالإضـافة إلى القـوائم المالية في التأثير على قراراتهم وهي:

- الاتصال المباشر مع إدارة الشركة .
- الاتصال مع المؤسسات والأشخاص المتخصصين .
- تقرير مجلس الإدارة .

مما يفسح المجال للإفصاح الانتقائي، ويعني ذلك انتقاء صفة الإفصاح العادل الذي يـرتبط في النواحي الأخلاقية والأدبية بحيـث يـتم تزويـد جميـع مسـتخدمي القـوائم الماليـة بـنفس كميـة المعلومات في وقت واحد.

3- اتفق المستثمرون والمقرضـون عـلى اعتبـار جميـع العوامـل المدرجـة أدنـاه تـؤثر عـلى موثوقيـة ومصداقية القوائم المالية المدققة وهذه العوامل هي :

- سمعة إدارة الشركة وسمعة مدقق الحسابات .
- السياسات والقرارات التي تنتجها الإدارة في المجـالات المتنوعـة ومنهـا (الإنتـاج ، والبيـع، والشراء، والتمويل، وغيرها) .
- السياسات والطرق المحاسبية المتبعة في إعداد القوائم المالية ومدى ثبات الإدارة في تطبيقها .
- المبادئ المحاسبية المتبعة في إعداد القوائم المالية ومدى ثبات الإدارة في تطبيقها.
- نوع الرأي الذي يبديه مدقق الحسابات في تقريره .

- حجم الشركة .

- تاريخ صدور تقرير مدقق الحسابات .

4- اتفق المستثمرون والمقرضون على الأهمية النسبية إلى ما نسبته (72%) من بنود المعلومات التي تضمنتها الدراسة باعتبارها ذات أهمية في التأثير على القرارات الاستثمارية والائتمانية.

وفي دراسة للعيسى (1991) [1] بعنوان " **أهمية المعلومات المحاسبية ومدى توفرها في التقارير المالية المنشورة للشركات المساهمة في الأردن للمستثمرين في سوق عمان المالية** ".

حاول الباحث في هذه الدراسة تبيان أهمية القوائم المالية للمستثمرين في سوق عمان المالي حيث أبرزت ما يلي :

1- أن القوائم المالية مصدر هام للمعلومات في اتخاذ قرارات الاستثمار .

2- هناك اتفاق بين المستثمرين على عدم كفاية المعلومات التي تحتويها القوائم المالية التي تصدرها الشركات في الأردن، ولتضييق هذه الفجوة اقترح الباحث بعض الاقتراحات التي تساعد على توفير المعلومات المحاسبية للمستثمرين وهي:

أ- التوسع في سياسة نشر المعلومات .

ب- تطوير متطلبات الإفصاح القانونية .

جـ- الانضمام إلى الجمعيات المحاسبية الدولية .

---

(1) ياسين أحمد العيسى، " أهمية المعلومات المحاسبية ومدى توفرها في التقارير المالية المنشورة للشركات المساهمة في الأردن للمستثمرين في سوق عمان المالية". مجلة مؤتة للبحوث والدراسات، المجلد السادس، العدد الثاني، 1991.

د- تشكيل هيئة عليا تتكون من أفراد من القطاع العام والخاص لتطوير عملية إعداد القوائم المالية .

هـ- تطوير مهنة التحليل المالي وتشجيع قيام مؤسسات للتحليل المالي.

لقد ركزت هذه الدراسة على أهمية البيانات المالية المنشورة لخدمة المستثمرين في سوق عمان المالية، وقد تطرقت إلى دراسة الأهمية النسبية لمفردات الإفصاح في القوائم المالية المنشورة، ولم تتطرق إلى متطلبات الإفصاح وفق تعليمات هيئة الأوراق المالية، ومتطلبات الإفصاح وفقاً لمعايير المحاسبة الدولية.

وفي دراسة (El - Issa, 1990) [1] بعنوان:" بيئة التقرير (الاعلام) المالي في الأردن، الحاجة للتغيير".. " Financial Reporting Environment in Jordan : The Need for Change"

استعرض فيها الباحث أهم مظاهر التطور في البيئة الاقتصادية الأردنية، ودور المحاسبة في قياس أداء العمليات المالية لبيان نتائج الأعمال وتحديد المراكز المالية للمؤسسات والمشروعات الاقتصادية، وترجمة هذه العمليات إلى معلومات وتقارير مالية لخدمة أغراض عديدة من أهمها: التحليل المالي، ورقابة تنفيذ الأداء، وترشيد اتخاذ القرارات الاستثمارية والائتمانية والاقراضية، وقد توصل الباحث إلى أن البيئة المحاسبية في الأردن تخضع لمتطلبات قانونية من حيث متطلبات نشر التقارير المالية للشركات المساهمة، والاحتفاظ بسجلات مدققة، وعرض عادل للقوائم المالية وعدم وجود مبادئ محاسبية متعارف عليها مكتوبة لإرشاد المحاسبين. كما تبين أن المعلومات التي تقدمها الشركات حول الطرق المحاسبية المطبقة فيها تعطي معلومات قليلة مع اختلاف عرض هذه المعلومات بين الشركات المختلفة .

(1) Yasin Ahmad Mousa El - Issa, " Financial Reporting Environment in Jordan : The Need For Change". Mutah Journal for Research and Studies, Vol. 5 No. 2, 1990.

وقد توصل الباحث بأن البيئة المحاسبية في الأردن حصل عليها تغيرات حديثة تتطلب ضرورة تحسين الإعلام المالي في المستقبل.

واقترح الباحث تشكيل فريق يتكون من أساتذة المحاسبة في الجامعة الأردنية، وجمعية المدققين القانونيين الأردنيين، ومسؤولين من الحكومة للعمل معاً لتكوين إرشادات للإعلام المالي، واقترح ما يلي للمساعدة في تحسين عملية نشر التقارير المالية.

1- ضرورة إصدار تشريعات قانونية لوضع تفاصيل إرشادية للتعامل مع المواضيع المحاسبية، وتضييق الهوة بين هذه المتطلبات والممارسة الفعلية لنشر التقارير المالية.

2- تقوية ودعم جمعية المدققين القانونيين الأردنيين لتصبح أكثر فعالية في تكوين إرشادات ومفاهيم محاسبية مكتوبة تلائم البيئة الأردنية.

3- ضرورة قيام مهنة المحاسبة في الأردن بتنمية قدرات أعضائها وكيف يستطيعون خدمة المجتمع عن طريق إيصال المعلومات المالية لمستخدمي هذه المعلومات . كما اقترح انضمام الأردن إلى الهيئات المهنية العالمية والإقليمية.

كما تطرقت هذه الورقة إلى أهمية تحسين بيئة الإبلاغ المالي في الأردن لكي تصبح البيانات المالية المنشورة أداة مفيدة لذوي العلاقة في اتخاذ القرارات الاقتصادية الرشيدة.

ولم يقدم الباحث أي مقترحات حول طبيعة الإفصاح المالي بالنسبة لما تتميز به دراستنا من حيث معرفة مدى تطبيق الشركات الصناعية المساهمة الأردنية لمتطلبات الإفصاح وفقاً لمعايير المحاسبة الدولية ومتطلبات هيئة الأوراق المالية في الأردن .

وفي دراسة لغرايبة والنبر (1987) [1] بعنوان : "**مدى توفر الإيضاحات في التقارير المالية السنوية للشركات المساهمة العامة الصناعية في الأردن**" فقد بحثت هذه الدراسة في تحديد الأهمية النسبية لمجموعة من المفردات التي تتضمنها التقارير المالية السنوية المنشورة لفئتين من المستثمرين هما: المحللين الماليين في البنوك والمؤسسات المالية، والمستثمرين الأفراد في سوق عمان المالي، وكذلك بحثت هذه الدراسة علاقة درجة الإفصاح في الشركات الصناعية الأردنية وثلاث من خصائصها وهي الحجم، وعدد المساهمين، ومعدل العائد على الاستثمار. ومن أهم النتائج التي توصلت إليها الدراسة:

أ- لا يوجد اختلاف في أهمية البنود التي تتضمنها التقارير المالية السنوية المنشورة لفئتين من المستثمرين، وهما المحللون الماليون في البنوك والمؤسسات المالية، والمستثمرون الأفراد. وهذا يعني أنه يمكن وضع أسس وقواعد موحدة للإفصاح تفي بحاجات الفئتين معاً .

ب- نسبة الإفصاح لشركات العينة تراوحت بين (8% - 58%) مما يدل على أن نسب الإفصاح للشركات الصناعية الأردنية غير كافية ولا تلبي حاجات المستثمرين من المعلومات.

جـ- هناك علاقة طردية بين نسبة الإفصاح في الشركة وكل من حجم أصولها وعدد المساهمين فيها، ولا توجد علاقة بين نسبة الإفصاح والعائد على حقوق المساهمين وخلافاً لما هو متوقع .

وبذلك تكون هذه الدراسة قد أشارت إلى عدم احتواء التقارير المالية على بنود المعلومات اللازمة لاتخاذ القرارات من قبل المستثمر المؤسسي والمستثمر الفرد.

---

(1) فوزي غرايبة ورندا النبر، " مدى توفر الإيضاحات في التقارير المالية السنوية للشركات المساهمة العامة الصناعية في الأردن"، مجلة الدراسات، المجلد الرابع عشر، العدد الثامن، 1987، ص ص 9- 32.

وإمكانية تطبيق مفهوم القوائم المالية ذات الأغراض العامة من وجهة نظر المستثمر المؤسسي والمستثمر الفرد، لتشابه بنود المعلومات التي يعتمد عليها في اتخاذ القرارات الاستثمارية .

وفي دراسة عبدالسلام (1985) [1] بعنوان :" **حول متطلبات الإفصاح العام وقياس مدى توافرها في التقارير المالية للشركات المساهمة السعودية**". فقد خلص الباحث إلى نتائج أهمها أن أهمية قائمة الدخل المقارنة، وقائمة المركز المالي المقارنة، وقائمة التدفق النقدي، تتمثل في توفير معلومات عن التنبؤ بالعوامل التي تؤثر على الصناعة، ومعلومات التنبؤ عن الأرباح، ومعلومات التنبؤ عن المبيعات الموزعة على قطاعات الإنتاج، والمبيعات الموزعة حسب العملاء، ومصروفات البحث والتطوير، وتحويلات العملات الأجنبية، ومصروفات الصيانة والإصلاح، ومعلومات عن الضرائب والزكاة.

وفي دراسة للغندور (1983) في جمهورية مصر العربية بعنوان [2] :" **دور البيانات المحاسبية لترشيد قرارات الاستثمار**" وتوصل فيها الباحث إلى أن المعلومات والبيانات المالية والكمية لازمة لاتخاذ القرارات الاستثمارية بحيث يمكن المفاضلة بين البدائل المختلفة، ومن ثم اختيار البديل المناسب الذي يحقق للمستثمر أعلى عائد بأقل مخاطرة ممكنة، حيث إن المعلومات والبيانات المالية تساعد في تقييم درجة المخاطرة التي يتعرض لها المستثمر وتقييم التدفقات النقدية التي يمكن الحصول عليها في المستقبل، وكلما زادت دقة هذه المعلومات والبيانات زادت دقة المستثمر

---

(1) تركي محمد عبد السلام، " متطلبات الإفصاح العام وقياس مدى توفرها في التقارير المالية للشركات المساهمة السعودية"، مجلة مركز البحوث، كلية العلوم الإدارية، إبريل 1985، ص ص 88- 90.

(2) فاروق عبد الحليم الغندور، " دور البيانات المحاسبية لترشيد قرارات الاستثمار" المجلة العلمية لتجارة الأزهر، المجلد السابع، العدد السادس، 1983.

في تقييم درجة المخاطرة التي يتعرض لها والتدفقات النقدية التي يمكن الحصول عليها وبالتالي تزيد دقة القرار الاستثماري الذي يتم اتخاذه.

وبذلك تكون هذه الدراسة قد أشارت إلى أهمية وضرورة توفر المعلومات المالية والكمية للفئات المختلفة، لاتخاذ القرارات الرشيدة التي تحقق أهدافهم .

2-2: الدراسات الأجنبية

في دراسة لـ (Richardson and Welker, 2001) [1] بعنوان : " الإفصاح الاجتماعي والإفصاح المالي وتكلفة رأس المال" .

حيث ركزت الدراسة على اختبار العلاقة بين الإفصاح المالي والإفصاح الاجتماعي من جهة، وتكلفة رأس المال من جهة أخرى لعينة من الشركات الكندية للسنوات 1990 و 1991 و 1992. وقد أظهرت دراسة (Levitt, 1999)[2] بأن الأسواق المالية تحتاج إلى معلومات ملائمة وإفصاحات شاملة وشفافة لتحقيق الكفاءة في تلك الأسواق.

والدراسة التي قام بها (Tyska 2000) [3] تحت عنوان **أولويات الإدارة بالمعايير المحاسبية** حيث هدفت هذه الدراسة إلى تقييم معايير المحاسبة الدولية المتعلقة

---

(1) Alan J. Richardson and Michael Welker. " Social Disclsoure Financial Disclosure and the Cost of Capital". Accounting, Organizations and Society 26 (2001), PP. 597 - 616.

ويمكن الحصول عليها بواسطة الإنترنت على العنوان التالي : www.elsevier.com locate /aos.

(2) A.Levitt, 1999. Quality Information. The Lifeblood of our Markets. The Economic Club of NewYork. NewYork N.Y., October 18,1999. http. www.see.govnews.spchidx.htm.

(3) Tyska Claudia Ruth, 2000, Management's Preferences for Accounting Standards, Rutgers The State, University Of New Jersey.

بفرضيات أبعاد المرونة وتأثير الدخل والشفافية، وقد تم تقييم توصيات السياسة المحاسبية عن طريق المرونة وتأثير الدخل والشفافية ونموذج المحاسبة من أجل معرفة القوة التغيرية لهذه الفرضيات.

يتبين للباحث أن نتائج هذه الدراسة محصورة في موضوع التطور لمعايير المحاسبة عالمياً التي أعدتها لجنة المعايير المحاسبية العالمية لكشف التأثيرات المختلفة لهذه المعايير ولكن من وجهة نظر الباحث فإن هذه الدراسة لم تبين أي أثر لتطبيق المعايير المحاسبية على الأداء المالي للشركات الصناعية .

وفي دراسة لـ مارتن (Martin, Roger, D., 2000) [1] بعنوان " الإفصاح حول غموض مبدأ الاستمرارية للشركات والظروف المحيطة: دراسة مقارنة على الشركات الفرنسية والألمانية والأمريكية".

لقد أوضحت هذه الدراسة المقارنة بين معايير المحاسبة والمراجعة لحالة غموض مبدأ الاستمرارية وآلية التنفيذ بين الدول الثلاث فرنسا وألمانيا وأمريكا. وقد طرح الباحث سؤالين هامين مرتبطين بمعدلات الإفصاح لحالة عدم التأكد لافتراض الاستمرارية والظروف المحيطة بين هذه الدول الثلاث حيث يقول هل ظهور مثل هذه المعدلات تختلف في فرنسا وألمانيا عنها في أمريكا؟ وكان السؤال الثاني يتعلق بالظروف المرتبطة بوجود غموض الاستمرارية بمعدلات قابلة للمقارنة بين هذه الدول. وبين أن المعيار المحاسبي الدولي رقم(1) والمعدل عام 1997م، قد أوضح عن الإفصاح للاستمرارية وكذلك قام الاتحاد الدولي للمحاسبين بالمصادقة على تعديلات معيار التدقيق الدولي (IAS No. 570)

Martin, Roger D. " Coing - Concern Uncertainty Disclosures and Conditions : A Comparison of French, German, and U.S. Practices, " Journal of International Accounting Auditing and Taxation, 2000, Vol. 9 Issue 2,PP 137, 22. (1)

الذي يحدد مسؤوليات المدققين حول افتراض الاستمرارية وأن على مستخدمي القوائم المالية وضع افتراضات مسبقة من أجل أن تقود إلى ممارسات قابلة للمقارنة بين الدول والتجانس ضروري بين الهيئات المهنية العالمية.

وخلصت الدراسة إلى أن مجموعة القوانين والمعايير المهنية للإفصاح في إدارة قضايا الاستمرارية لا تختلف بشكل كبير بين هذه الدول الثلاث. فالإدارة تفصح بمعلومات ملائمة لإفتراض الاستمرارية إذا ارتبطت بوجود عدم التأكد. ولكن لا يوجد تعريف لوصف لمستوى الإفصاح بضمان عدم التأكد يتمثل بأوصاف مسبقة لأي بلد وأن الاختلافات بين الشركات للدول الثلاث يتمثل بالأساليب المتبعة في التقارير المالية والمحاسبية. ويقترح الباحث أنه يجب توخي الحذر لدى مستخدمي القوائم المالية عند تفسيرهم لحالة الإفصاح عن عدم التأكد للاستمرارية. على الرغم من وجود عناصر وخصائص معينة لكل دولة. وأنّ الإفصاح هامٌ للمستخدمين ويجب معرفة وإدراك بأن الإفصاحات المشابهة لا تكون بنفس المغزى وأن الفشل في تأثيرات ممارسات الإفصاح قد يقود المستثمرين إلى سوء التقدير لمستوى الغموض المرتبط بمبدأ الاستمرارية عند تقييم المخاطر وإمكانيات الشركة المستقبلية.

وفي دراسة لـ (Barth, Clinch and Shibana, 2000) [1] بعنوان " آثار السوق للاعتراف والإفصاح" .

1- قام الباحثون بتقصي الآثار الناتجة عن الاعتراف بالأرقام المحاسبية ضمن القوائم المالية مقابل الإفصاح عنها أو معلومات إيضاحية مرفقة على سوق رأس المال .

---

(1) Mary E. Barth; Gery Clinch; and Toshi Shibana. " Market Effects of Recognition and Disclosure, 2000, Fbarth @ leland. Stanford. Edu.

2- تطوير نموذج محاسبي لأغراض الإعلام المالي للجمهور بتقديم معلومات ملائمة بما تتضمنه من أخطاء عملية القياس المحاسبي.

3- التحليل التوازني لتحديد نسبة المستثمرين الذين اختاروا أن يصبحوا خبراء محاسبة فيما يتعلق بالاعتراف والإفصاح.

4- تحليل ثلاث أدوات لقياس الأداء السوقي لأسعار السوق مع:

أ- المعلومات المحاسبية ب- الأصول ذات العلاقة.

جـ- الخسائر المتوقعة لرجال الأعمال المهتمين بالسيولة.

5- مقارنة معاملات تحليل الانحدار للأسعار أو العائد مع الاعتراف بالأرقام المحاسبية أو الإفصاح عنها.

وقد خلصت الدراسة إلى النتائج التالية:

1- يوجد نسبة كبيرة من خبراء الاستثمار في نظام الاعتراف بالأرقام المحاسبية ضمن القوائم المالية عندما تكون إشارة الجودة لنظام الاعتراف أقل من نظام الإفصاح والعكس صحيح.

2- عندما تكون نسبة الاعتراف والإفصاح للأرقام المالية متماثلة فإنه لا يوجد خبراء استثمار في نظام الاعتراف.

3- يكون أداء سوق رأس المال أعلى عند وجود نسبة أكبر من خبراء الاستثمار في السوق مما يعني أن طلب الخبرات عامل محدد ومهم لأداء السوق.

4- أشارت نتائج الدراسة إلى أن الاعتمادية أو الموثوقية النسبية والملاءمة تعتبر خصائص محددة لأداء السوق في حالة اجتياز نظام الاعتراف لنظام الإفصاح.

5- وجد الباحثون أن الإفصاح مقابل الاعتراف يؤثران على معاملات معادلة خط الإنحدار التي تربط الأسعار بمكونات المحاسبة (الاعتراف والإفصاح).

6- بالإجمال، أظهر الباحثون أن أثر الاعتراف والإفصاح للأرقام المحاسبية يؤثران بشكل مختلف في حالة وجود سوق مالي كفء، أن تلك الآثار تنتج بسبب أن قرارات المستثمرين الرشيدين أصبحت تحتاج إلى فهم خبراء وآثار الإفصاحات الإيضاحية واعتماد القرارات على المعلومات المميزة وانعكاساتها على أسعار أدوات سوق رأس المال.

ففي دراسة قام بها (Botosan)[1] عام 1997 لاختبار العلاقة بين مستوى الإفصاح المالي وتكلفة رأس المال لعينة من الشركات الصناعية الأمريكية، فقد وجد أن هناك علاقة عكسية وبشكل جوهري بين الإفصاح المالي وتكلفة حقوق الملكية .

ونظراً لكون متطلبات الإفصاح في كندا، وكما هو الحال في بعض الدول الأخرى، أقل شمولية وقوة من تلك الموجودة في بعض الدول المتقدمة مثل (الولايات المتحدة) فإن موضوع دراسة الإفصاح المالي وكذلك الاجتماعي أكثر أهمية في تحديد جوهرية وأهمية التذبذب والاختلاف في الإفصاحات الاختيارية للشركات في تلك الدول، فقد أضافت هذه الدراسة الإفصاح الاجتماعي عند دراستها للعلاقة بين الإفصاح وتكلفة حقوق الملكية حيث كانت الدراسات السابقة تبحث في الإفصاح المالي فقط وعلاقته بتكلفة حقوق الملكية .

وقد قام الباحث بتحليل التقارير السنوية لـ (700) شركة كندية للأعوام 1990 و 1991 و 1992 موزعة على ثماني قطاعات هي:

1- صناعات المعدات الصناعية .

2- الصناعات الاستهلاكية .

(1) C. Botosan. Disclosure level and the cost of equity capital. The Accounting Review, 1997.72.323.349.

3- صناعات النفط والغاز والكيماويات .

4- التكنولوجيا والاتصالات .

5- المؤسسات المالية .

6- المؤسسات التجارية (التجزئة والجملة) .

7- المؤسسات الإدارية (الخدمات) .

8- مؤسسات المنافع والخدمات الأخرى .

حيث قامت الدراسة بالاستعانة بعدة نماذج قامت الدراسات السابقة باستخدامها لقياس تكلفة رأس المال وهي (Edwards and Bell 1961)[1] و(Fetham and ohlson, 1995)[2] و (Ohlson 1995)[3] ويقوم نموذج التقييم على تحديد العلاقة بين قيمة حقوق الملكية (الأسهم) والقيمة الجارية والأرباح المستقبلية غير العادية، حيث تم استعمال المتغيرات التالية في ذلك النموذج .

1- نقاط الإفصاح المالي للشركة (الوزن النسبي).

2- نقاط الإفصاح الاجتماعي للشركة (الوزن النسبي) .

3- سعر السهم السوقي في بداية العام.

---

(1) E. Edwrads & R. Bell. The theory and Measurement of business income. Berkely. CA: University of California Press. 1961.

(2) G. Feltham & J. Ohlson. Valuation and Clean Surplus Accounting for Operating and Financial Aactivities. Contemporary Accounting Research. Spring, PP. 689،731. 1995.

(3) J. Ohlson. Earnings, Bbook Value, and Dividends in Ssecurity Valuation. Contemporary Accounting Research. pp.661،687،1995.

4- عدد المحللين الماليين العائد على الأسهم لكل شركة.

5- العائد على حقوق الملاك ROE.

6- المتغير الوهمي Dummy Variable .

7- نسبة الديون إلى حقوق الملكية .

8- التكلفة المقدرة لرأس المال.

ولقد توصلت الدراسة إلى النتائج التالية:

1- لقد أظهرت هذه الدراسة أن هناك علاقة عكسية جوهرية (قوية) بين مستوى الإفصاح المالي وتكلفة رأس المال وكذلك ما وجده الباحث (Botosan, 1997).

2- أنه كلما زاد مستوى الإفصاح المالي فإن هذا يخفض تكلفة رأس المال في حالة انخفاض عدد المحللين الماليين للتقارير المالية (أي كلما كان اعتماد مستخدمي البيانات المالية على تلك البيانات مباشرة).

3- وجدت الدراسة أيضاً أن هناك علاقة طردية (إيجابية) بين مستوى الإفصاح الاجتماعي وتكلفة رأس المال، أي كلما زاد الإفصاح الاجتماعي زادت تكلفة رأس المال وكذلك أنه كلما تحسن الأداء المالي للشركة تقل إيجابية (طردية) هذه العلاقة.

4- لا يؤثر عدد المحللين لبيانات الشركة على العلاقة بين مستوى الإفصاح الاجتماعي وتكلفة رأس المال، حيث إن العلاقة الإيجابية (الطردية) بين تكلفة رأس المال والإفصاح الاجتماعي تتأثر بالعائد على رأس المال للشركات الناجحة والأقل تعرضاً للعقوبات المتعلقة بالإفصاح الاجتماعي .

ويبرر الباحث العلاقة الطردية بين الإفصاح الاجتماعي وتكلفة رأس المال إلى وجود بعض التحيز في الإفصاح الاجتماعي كذلك لاحظ الباحثان أن الإفصاح المجتمعي له منفعة للشركة من خلال تأثيره على أصحاب المصالح (Stakeholders) أكثر من المستثمرين كون المستثمرين يركزون على الإفصاح المالي الذي يظهر الوضع المالي للشركة وربحيتها وتدفقاتها النقدية .

وفي النهاية أوصى الباحث بإجراء المزيد من الدراسات لبحث وإختبار العلاقة بين الإفصاح الاجتماعي وتكلفة رأس المال مع الأخذ بعين الاعتبار، طبيعة الدورة الاقتصادية السائدة، وكذلك دراسة أثر الإفصاح الاجتماعي على التكاليف المتوقع المساهمة فيها من قبل أصحاب المصالح للشركة .

وقد جاءت دراسة (Anthony & Ramesh (1992)[1]، مكملة للجهود المبذولة لتطوير نموذج علاقة العوائد بالأرباح، من خلال الأخذ بعين الاعتبار البعد الاقتصادي للعلاقة بين الأسعار السوقية للأسهم ومقاييس الأداء المالي، حيث هدفت الدراسة إلى التعرف على اثر دورة حياة المنشأة على استجابة سوق الأسهم لمقاييس الأداء المحاسبي .

شمل مجتمع الدراسة 3686 منشأة اقتصادية أمريكية، تم استبعاد عدد منها وفقا لشروط حددها الباحثان، لتتكون عينة الدراسة من 1825 منشأة اقتصادية أمريكية، تم جمع البيانات المتعلقة بها خلال الفترة بين عامي 1976 و 1986 .

وقد قام الباحثان بدراسة ما إذا كانت استجابة سوق الأسهم لكل من نسبة نمو المبيعات والإنفاق الرأسمالي تتأثر بمراحل دورة حياة المنشأة . فقد اعتبر الباحثان كلا من توزيعات الأرباح، والإنفاق الرأسمالي، ونمو المبيعات، وعمر المنشأة

---

(1) Anthony, H. & Ramesh(1992). Association between Accounting Performance Measures and Stock Prices: A Test of the Life Cycle Hypothesis.". Journal of Accounting and Economics 15 PP 203-227.

مؤشرات لتحديد مرحلة دورة حياة المنشأة (Life cycle stage descriptors) وبناء على ذلك تم تقسيم عينة الدراسة إلى مجموعات حسب مراحل دورة حياة المنشأة، واستخدمت نماذج انحدار متعددة المتغيرات، كان المتغير التابع فيها هو العائد السوقي للسهم، أما المتغيرات المستقلة فكانت التغير في حصة السهم من الأرباح, والنفقات الرأسمالية, والنمو في المبيعات, ومتغيرات وهمية (Dummy Variables) للمراحل المتعددة لحياة المنشأة.

وقد وجد الباحثان أن كل مرحلة يجب التعامل معها بمقاييس أداء، لا تماثل بالضرورة المقاييس المعتمدة في مراحل أخرى، ففي المراحل الأولية من حياة المنشأة يكون نمو المبيعات عالياً , بينما في مرحلة النمو ينصب التركيز على زيادة الإنفاق الرأسمالي (المصانع والآلات) مع تدني مستوى توزيعات الأرباح, كما وجدا أن استجابة سوق الأسهم لمقاييس الأداء تتأثر بمرحلة دورة حياة المنشأة, وأثبتا أن هذه النتائج لا تتأثر باختلاف حجم المنشأة أو فروقات المخاطرة .

وفي سياق آخر، فقد سعت دراسة [1] Kothari and Sloan (1992) إلى اختبار اثر إدخال عوائد فترات مالية سابقة على معامل استجابة الأرباح المقدّر لنموذج علاقة العوائد بالأرباح , حيث كان المتغير المستقل حصة السهم من الأرباح مقسوماً على سعر إغلاق السهم في بداية نافذة الدراسة، في حين كان المتغير التابع عائد السهم، والذي تم قياسه خلال نوافذ امتد طولها من ثلاثة أشهر إلى أربع سنوات، وقد توصل الباحثان إلى أن متوسط معامل استجابة الأرباح يزداد من خلال الأخذ في الاعتبار عوائد فترات مالية سابقة , بمعنى أن عوائد الفترات

(1) 8. Kothari, S., Sloan, R., 1992, Information in Prices About Future Earnings: Implications for Earnings Response Coefficients, Journal of Accounting and Economics 15, PP. 143-171.

المالية السابقة ذات أهمية لا تقل عن أهمية عائد الفترة المالية الحالية من ناحية حساسيتها للأرباح المحاسبية السنوية , إضافة إلى أن العوائد السوقية تعكس المعلومات المتعلقة بقيمة المنشأة قبل أن يعكسها نظام المعلومات المحاسبية .

ويرى كل من (Gibbins & Waterhouse, 1990)[1] بأن الشركات التي تتبنى مستويات مرتفعة من الإفصاحات سوف تستفيد من خلال تخفيض تكلفة رأس المال وذلك لسببين :

1- إن زيادة الإفصاحات من قبل الشركات سوف يؤدي إلى تخفيض تكاليف العمليات للمستثمرين، مما يؤدي إلى زيادة السيولة في السوق المالي، ويزيد الطلب على الأوراق المالية لتلك الشركات .

2- إن زيادة الإفصاحات تخفض المخاطر المتوقعة وحالة عدم التأكد المتعلقة بتوزيعات العوائد .

وقد اثبت كل من Easton and Zmijewski (1989) ،Kormendi and Lipe (1987)([2]) أن عامل ديمومة الأرباح (Persistency) يؤثر ايجابياً على استجابة عوائد الأسهم للأرباح, فكلما زادت درجة ثبات الأرباح عبر الزمن، زاد معامل استجابة العوائد السوقية للتغير في الأرباح، كما وتضيف دراسة Easton and Zmijewski(1989) أن عامل المخاطرة (Risk) يؤثر سلبياً على معامل استجابة العوائد السوقية للتغير في الأرباح، والمقصود هنا المخاطر الثابتة - غير الممكن إزالتها بتكوين المحافظ الاستثمارية (non-diversifiable) - للتدفقات النقدية، فمعدّل العائد المطلوب يزداد بزيادة

---

(1) **M.Gibbins; A.J.Richardson; and J. Waterhouse, the Management of Financial Disclousre Opponism, Rritulism, Policies and Processes, Journal of Accounting Reearch. 1990,(28(1). Pp.121،143.**

(2) **Kormendi, R., and R. Lipe. 1987. "Earnings Innovations, Earnings Persistence and Stock Returns."Journal of Business 60 (July): 323،45.**

المخاطر النظامية (Systematic Risk) المرتبطة بالتدفقات النقدية , مما يقلل صافي القيمة الحالية للأرباح المتوقعة، وبالتالي انخفاض معامل استجابة الأرباح .

ودراسة (Anderson) [1] (1981) بعنوان : " فائدة المعلومات المحاسبية والمعلومات الأخرى المفصح عنها في التقارير السنوية للشركات المساهمة بالنسبة للمستثمرين المؤسسين"

وقد أجريت هذه الدراسة في بريطانيا وتناولت المصادر التي تم الاعتماد عليها من قبل المستثمر المؤسسي لاتخاذ قرار استثماري يقلل من درجة المخاطرة التي يتعرض لها، ولقد توصل الباحث إلى النتائج التالية :

أ- من أهم المصادر التي يعتمد عليها المستثمر المؤسسي للحصول على المعلومات هي القوائم المالية المدققة، ويليها الاتصال مع كبار المستثمرين، والذهاب لزيارة الشركة للحصول على المعلومات المطلوبة .

ب- يعتمد المستثمر المؤسسي على معلومات لا تحتويها القوائم المالية تم تصنيفها ضمن خمسة أقسام هي : بيانات إدارية، وبيانات عن السياسات المحاسبية المتبعة، وبيانات مستقبلية، وبيانات تشغيلية، وبيانات أخرى، ومن أهم البيانات الإدارية التي يحتاج إليها المستثمر المؤسسي معرفة الحوافز والمكافآت التي تقدم إلى أعضاء مجلس الإدارة وعمليات التداول التي قام بها مجلس الإدارة لأسهم الشركات خلال العام السابق. وبالنسبة للبيانات المتعلقة بالسياسات المحاسبية المتبعة فقد توصل الباحث إلى أن المستثمر المؤسسي يهتم بمعرفة طرق الاستهلاك المستخدمة ومدى الدقة المتحققة منها والقيم الجارية للأصول الثابتة وأي تغيير في السياسات المحاسبية المتبعة وأسباب هذا التغيير. وبالنسبة للبيانات المستقبلية اهتم المستثمر المؤسسي بمعرفة معلومات عن السلعة التي تتعامل معها الشركة، وعلامتها التجارية، وخطط الشركة لتحسين نوعية هذه السلعة، وتحسين حصتها في السوق، بالإضافة إلى المعلومات المرتبطة بأقسام الشركة ومبيعاتها وأرباحها والموجودات الثابتة الموجودة فيها، وبالنسبة للبيانات الأخرى فقد طالب المستثمر المؤسسي

---

(1) Anderson, Kay, " The Usefulness of Accounting and Other Information Disclosed in Corporate Annual Reports to Institutional Investors", Accounting and Business Research, 1986.

بقيام الشركات بنشر تقارير دورية عن أوضاع الشركة.

وبذلك تكون هذه الدراسة قد توصلت إلى عدم احتواء التقارير المالية على العديد من بنود المعلومات الواجب توافرها في التقارير المالية والتي يحتاج إليها المستثمر المؤسسي لاتخاذ القرارات المختلفة.

أما دراسة تيتمان وويسل (1988)، بعنوان : "محددات اختيار هيكل رأس المال"[1].

اختبرت هذه الدراسة محددات هيكل راس المال , وذلك من خلال استخدام أسلوب التحليل لتقدير اثر العوامل غير الملحوظة (المتغيرات المستقلة) على اختيار نسب المديونية للشركات , حيث توصلت نتائج الدراسة إلى وجود علاقة طردية ما بين هيكل الأصول وحجم الشركة ونسبة المديونية للشركات، وعلاقة عكسية ما بين الوفورات الضريبية غير الخاضعة للدين ومعدل النمو ومدى تفرد الشركة والتذبذب في الأرباح (الأرباح التشغيلية) والربحية ونسبة مديونية الشركات.

اشتملت الدراسة على بعض الشركات الصناعية في الولايات المتحدة الأمريكية، (469) شركة متوفرة، للفترة (1974 - 1982) واستخدام الباحثان أسلوب تحليل الانحدار المتعدد بين المتغيرات المستقلة واستخدما مصفوفة الارتباط بين المتغيرات المستقلة .

---

(1) Sheirdan Titman and Robet Wessels , "The Determinants of Structure Choice "The Journal of Finance . Vol. . XI . III . No . I . 1988 , PP . 1-19 .

الفصل الثالث

الإطار النظري لمعايير المحاسبة الدولية

المقدمة

3-1 السياسات المحاسبية

3-2 مفهوم معايير المحاسبة الدولية

المقدمة

يشمل هذا الفصل شرح للإطار النظري للسياسيات المحاسبية من ناحية أهميتها والاعتبارات الواجب مراعاتها عند اختيار السياسات المحاسبية في عملية التطبيق وإعداد البيانات المالية والتطرق لمعايير المحاسبة الدولية من ناحية مفهومها وأهدافها وكذلك المنظمات والهيئات التي شاركت في وضع معايير المحاسبة الدولية وتطورات معايير المحاسبة الدولية والنظر إلى أهمية المعايير المحاسبية والعمل على تقسيم المعايير إلى معايير القياس ومعايير الإفصاح وملخص الإطار النظري للدارسة.

3-1: السياسات المحاسبية

تعتبر السياسات المحاسبية في المنشآت مجموعة من أدوات التطبيق العملي التي تستخدمها وفق المبادئ والأعراف والقواعد المحاسبية المقبولة قبولاً عاماً وبيان كيفية معالجة البنود والعمليات والأحداث المالية، وتسمح السياسات المحاسبية للمنشأة الواحدة باتباع قواعد وطرق محاسبية مختلفة في نفس الوقت, فمثلاً تستخدم طريقة القسط الثابت للعقارات وطريقة الاستهلاك على أساس وحدات الإنتاج بالنسبة للآلات.

كذلك تتضمن السياسات المحاسبية المبادئ والأعراف والأحكام والإجراءات التي تتبناها الإدارة في إعداد وعرض البيانات المالية, وهناك العديد من السياسات المحاسبية المختلفة المستخدمة بعرض البيانات المالية، وبالتالي فإن الاجتهاد مطلوب في عملية اختيار وتطبيق السياسات المحاسبية الأكثر ملاءمة لظروف المنشأة في عرض مركزها المالي ونتائج عملياتها بصورة صحيحة.

الاعتبارات الواجب مراعاتها عند اختيار السياسات المحاسبية

يجب على الإدارة أن تراعى ثلاث اعتبارات عند اختيارها وتطبيقها للسياسات المحاسبية المناسبة وإعداد بياناتها المالية متمثلة بالآتي:

1- الحيطة والحذر: Prudence

يحيط العديد من العمليات الشك وعدم اليقين الذي يصعب تجنبه الأمر الذي يتوجب معه ممارسة الحذر عند إعداد البيانات المالية, ومع ذلك لا تبرر الحيطة والحذر تكوين احتياطات سرية أو غير معلن عنها.

2- تغليب الجوهر على الشكل: **Substance Our Form**

يجب أن تتم المحاسبة عن العمليات وغيرها من الأحداث وأن تعرض وفقاً لجوهرها وحقيقتها المالية وليس لمجرد شكلها القانوني فقط.

3- الأهمية النسبية(المادية): **Materiality**

يجب أن تفصح البيانات المالية عن جميع البنود المهمة التي تؤثر بدرجة كافية على عملية اتخاذ القرارات أو التقييم، كما ويجب أن تتضمن البيانات المالية الإفصاح بشكل واضح ومختصر عن جميع السياسات المحاسبية الهامة التي تم استخدامها في إعداد تلك البيانات, ويجب أن يكون الإفصاح عن السياسات المحاسبية الهامة المستخدمة في المنشأة جزءاً لا يتجزأ من البيانات المالية, كما يجب الإفصاح عادة عن هذه السياسات في مكان واحد، ويجب أن تكون البيانات

المالية واضحة ومفهومة, وتبنى هذه البيانات المالية على سياسات محاسبية تختلف من منشأة لأخرى سواء في داخل البلد نفسه أو بين بلد وآخر، لذا لا بد من الإفصاح عن السياسات المحاسبية الهامة والتي تبنى عليها البيانات المالية حتى يسهل فهمها بشكل صحيح.

ويجب أن يكون الإفصاح عن جميع هذه السياسات في مكان واحد, فإن هذا يعتبر أمراً مفيداً لمستخدمي البيانات المالية، إن الإفصاح عن المعالجة المحاسبية التي تم تبنيها أمر ضروري ولكن لا يمكن تصويب أي خطأ أو معالجة غير سليمة بمجرد القيام بالإفصاح عنها.

هذا وتوفر البيانات المالية معلومات يتم استخدامها من قبل العديد من الأطراف وخصوصاً المساهمين والدائنين (الحاليين والمتوقعين) والموظفين، وهناك أطراف أخرى مهمة ممن يستخدمون البيانات المالية تشمل الموردين والعملاء والاتحادات التجارية والمحللين الماليين والإحصائيين والإقتصاديين ودوائر الضريبة

والجهات الحكومية المعنية، ويحتاج مستخدموا البيانات المالية ضمن أغراض أخرى إلى المعلومات التي توفرها البيانات المالية لغرض مساعدتهم في إجراء التقديرات واتخاذ القرارات المالية ولا يستطيع مستخدموا البيانات المالية إصدار أحكام معقولة حول هذه الأمور التي تم تبنيها في إعداد هذه البيانات.

أصبحت مهمة تفسير البيانات المالية معقدة بسبب تبني سياسات مختلفة في العديد من المجالات المحاسبية, ولا توجد قائمة واحدة تجمع كافة السياسات المقبولة والتي يمكن أن يرجع إليها مستخدموا البيانات المالية، هذا ويمكن أن تعطي السياسات المحاسبية المختلفة والتي يمكن استخدامها حالياً مجموعات متباينة جوهرياً من البيانات المالية لنفس الحالات والأحداث.

لا يتم الإفصاح حالياً عن السياسات المحاسبية بشكل تام ومنتظم في البيانات المالية, وهناك اختلاف كبير من حيث شكل ووضوح وشمولية الإفصاح عن السياسات المحاسبية بين البلدان المختلفة التي يتم فيها الإفصاح عن السياسات المحاسبية, وكذلك داخل البلد نفسه وقد يتم الإفصاح عن بعض السياسات المحاسبية الهامة بينما لا يتم الإفصاح عن السياسات المحاسبية الهامة الأخرى ضمن نفس المجموعة من البيانات المالية وحتى في البلدان التي تتطلب الإفصاح عن جميع السياسات المحاسبية الهامة لا تتوافر دائماً الإرشادات التي تضمن تماثل طرق الإفصاح عن هذه السياسات, ونظراً للنمو المتزايد في المنشآت الدولية وعمليات التمويل فقد تزايدت الحاجة لتماثل الإفصاح بدرجة أكبر من البيانات المالية بين الدول المختلفة.

إن المعالجة الخاطئة أو غير السليمة لبنود الميزانيات العمومية وبيانات الدخل أو حسابات الأرباح والخسائر أو غيرها من البيانات لا يمكن تبريرها عن طريق الإفصاح عن السياسات المحاسبية أو الإيضاحات أو المواد التفسيرية.

يجب مراعاة خاصية الثبات أو التجانس في السياسة المحاسبية فيما بين الفترات المختلفة ونتيجة لعدم ثبات الظروف المحيطة بالمنشأة أصبح الثبات المطلق في السياسة المحاسبية أمراً مستحيلاً.

إلا إنه يجب على المنشأة أن تفصح عن أي تغير يحدث في السياسات المحاسبية وأكثر هذه التغيرات في العوامل الاقتصادية الداخلية والخارجية ولتحديد معالم السياسة المحاسبية لا بد لأدوات التطبيق العملي أن تتصف بالملائمة ولتحقيق ذلك لا بد من الاسترشاد بالحيطة والحذر وتغلب الجوهر على الشكل بالإضافة إلى الأهمية النسبية.

وهذه الاعتبارات تتيح للإدارة إمكانية التأثير على معالم السياسة المحاسبية الخاصة بالمنشأة، وعند تغير في إحدى السياسات المحاسبية نتيجة إصدار معايير سياسية محاسبية جديدة عدة آثار على أسعار الأسهم والسندات في سوق الأوراق المالية.

أما التغيير الإجباري في السياسة المحاسبية نتيجة إصدار معايير محاسبية جديدة فقد أثبتت الدراسات وجود أثر للإعلان عن هذه التغييرات على أسعار الأسهم والسندات في سوق الأوراق المالية, وهذه الدراسات ترتب عليها مجموعة من النتائج يمكن ذكرها على النحو التالي:

1- إذا كان التغيير المحاسبي نشأ عن معيار من شأنه الحد من فرص الاختيار بين بدائل القياس المحاسبي المتاحة, مثل هذا التغيير يؤدي إلى انخفاض أسعار الأسهم والسندات في السوق, نظراً لأن تضييق فرص الإدارة أمام الاختيار من بين بدائل القياس المحاسبي سوف يحد من مقدرتها على المناورة عند عقد الاتفاقيات مع الأطراف المختلفة, كما يحد من قدرة الإدارة على التأثير على الأرقام المحاسبية.

2- إذا كان التغيير متمثلاً في معيار محاسبي من شأنه استبعاد بدائل القياس المحاسبي التي تتيح فرص زيادة الدخل, فإن هذا يترتب عليه خفض قدرة الإدارة على تحويل النافع من الدائنين إلى أصحاب رأس المال, ومثل هذه المعايير سوف تؤدي بالضرورة إلى زيادة احتمالات عدم التزام الإدارة بالقيود الواردة بالاتفاقات الأمر الذي يترتب عليه زيادة تكلفة رأس المال وبالتالي انخفاض أسعار الأسهم والسندات في سوق المال.

3- إذا كان التغيير المحاسبي ناشئ عن تطبيق معيار من شأنه الحد من قدرة الإدارة على تحقيق استفادة ذاتية على مصالح الأطراف الأخرى فإن مثل هذا النوع من التغيير سوف يؤدي إلى انخفاض أسعار الأسهم والسندات المتداولة في سوق المال, نظراً لأن مثل هذه المعايير يكون من النوع الذي يستبعد بدائل القياس المحاسبي التي من شأنها زيادة أرباح الفترة الحالية على حساب أرباح الفترات المقبلة.

4- إذا كان التغيير المحاسبي متمثلاً في معيار يحد من استخدام بدائل القياس المحاسبي التي تؤدي إلى زيادة الربح المحاسبي فإن ذلك من شأنه أن يؤدي إلى انخفاض التكلفة الناشئة عن الآثار السياسية الأمر الذي يؤدي إلى زيادة أسعار الأسهم والسندات في سوق المال.

بناء على ما تقدم يرى الباحث أن سوق المال تتأثر بالمعلومات المحاسبية وفقاً لمجموعة من المعايير المنظمة للسياسة المحاسبية, وفي ظل غياب هذه المعايير سوف يلجأ المستثمر إلى الطرق الخاصة للحصول على المعلومات التي تحقق له السبق في الاستفادة من السوق، وفي ظل غياب المعايير المنظمة للسياسة المحاسبية تمثل المعلومات الخاصة والمعلومات الداخلية الذي يمكن للمستثمر الحصول عليها أحد مظاهر السوق السوداء التي تعكس فشل أو عدم كفاءة سوق المال, الأمر الذي يترتب عليه الإخلال بمبدأ تكافؤ فرص الاستثمار بين الأفراد والقطاعات المختلفة

التي تتعامل في سوق الأوراق المالية لهذا يرى البعض أن المعايير المحاسبية التي تدعم سوق المال وتحقق مصالح المستثمرين والمديرين هي المعايير المحاسبية التي تهتم بالإفصاح المحاسبي المتعدد ومتطلباته[1]".

2-3: مفهوم معايير المحاسبة الدولية

أدت التطورات الاقتصادية الدولية إلى ضرورة وضع معايير محاسبية دولية من أجل تنظيم ممارسة العمل المحاسبي وتصنيف البيانات المالية وكذالك إصدار القوائم المالية بشفافية وتنظيم عمليات الإفصاح المالي ووضع تقارير[2].

وتعتبر المعايير المحاسبية الدولية أداء التنظيم للعمل المالي والمحاسبي وذلك من أجل التوفيق بين مصالح المستفيدين من المعلومات المالية والمحاسبية[3].

حيث يتم تطبيق هذه المعايير في كافة القطاعات، وهذه المعايير جاءت نتيجة لأبحاث ودراسات قام بها نخبة من خبراء المحاسبة والمراجعة على مستوى عالمي[4].

وقد تم تبني مجموعة من المعايير والإجراءات المحاسبية حيث أطلق عليها المبادئ المحاسبية المتعارف عليها (GAAP)، ورغم أن هذه المبادئ قد أثرت

---

(1) متولي، عصام، 2003، تطوير التقارير والقوائم المالية المنشورة لتنشيط كفاءة سوق الخرطوم للأوراق المالية.

(2) ترجمة المجمع العربي للمحاسبين القانونية، معايير المحاسبة الدولية، عمان، 1999، ص 29.

(3) عبد العال، طارق، واخرون، معايير المحاسبة المصرية، الإطار النظري، التطبيق العملي،الجزء الأول الطبعة الثانية بدون ناشر، 1999.

(4) تطبيق المعايير الدولية وشفافية البيانات ضرورة لدخول الألفية الثالثة، خرباش في افتتاح مؤتمر معايير المحاسبة الدولية، جريدة البيان، إنترنت 2003.

انتقادات وجدلاً كبيراً إلا أن أغلب المحاسبين وأعضاء المجتمع المالي ينظرون إليها بأنها ذات فائدة على مر العصور[1]

وفي عام 1973م شكلت لجنة معايير المحاسبة الدولية (IASC) التي تعنى بتوحيد المبادئ المحاسبية من قبل الهيئات المهنية في المملكة المتحدة والولايات المتحدة وأستراليا وكندا وألمانيا وفرنسا والمكسيك وهولندا وأيرلندا بالإضافة إلى اليابان.

وقد هدفت هذه الهيئة إلى إعداد معايير محاسبية تراعي عند تقديم القوائم المالية والعمل بشكل عام على تطوير وتوافق الأنظمة والمعايير المحاسبية على مستوى العالم.

وهناك العديد من الأطراف والمنظمات والهيئات التي شاركت في وضع المعايير المحاسبية على مستوى دولي ومن أهمها هيئة تداول الأوراق المالية في الولايات المتحدة (EES) حيث اعتمدت بصفة عامة المعايير المحاسبية التي يطلق عليها (AICPA) و (FASB)، كما ساهم في وضع المعايير المعهد الأمريكي للمحاسبين القانونيين (AICPA) حيث عمل بإنشاء مجلس مبادئ المحاسبة, وكذلك الأمر شارك في إعداد هذه المعايير مجلس معايير المحاسبة الحكومية (GASB) في عام 1984م كما شاركت منظمات أخرى مثل معهد المحاسبيين الإداريين (IMA) ومعهد المديرين الماليين (FEI) وكذلك مجلس معايير محاسبة التكاليف الأمريكي (CASB) ومصلحة الضرائب الفدرالية (RIA).

وقد شهدت معايير المحاسبة الدولية تطويراً نوعياً من خلال عمل لجان حيث عملت هذه اللجان على تطوير هذه المعايير وتقديم الاقتراحات الجديدة

---

(1) كيسو، دولند، تعريب د. احمد حجاج، المحاسبة المتوسطة، الجزء الأول، الطبعة الثانية.

لتطوير الممارسات المحاسبية المالية على مستوى عالمي لتكون مقبولة لدى مستخدمي ومعدي القوائم المالية[1].

وقد نظم قانون الشركات البريطاني الصادر في عام 1985م أمور المحاسبة والمراجعة في هذا البلد من أجل تنسيق التقارير المالية وقواعد التقييم ووضع متطلبات لإعداد الحسابات الموحدة, وضمان الإفصاح عن السياسات والطرق المحاسبية المستخدمة.

وفي البلدان العربية تم تبني معايير محاسبة دولية في كل من جمهورية مصر العربية والمملكة الأردنية الهاشمية وغيرها من البلدان العربية حيث وضعت القوانين ومدونات السلوك المهني كما هو الحال في قانون الأوراق المالية الأردني رقم (23) لعام 1997م والذي أنشأ هيئة الأوراق المالية لزيادة الشفافية والإفصاح في التقارير المالية, وقانون رقم(473) لعام 1997م في جمهورية مصر العربية والذي يعني بقواعد السلوك المهني ومعايير المحاسبة والمراجعة.

وقد اهتمت هذه المعايير بالسياسات المحاسبية المناسبة والمبنية على مبادئ الحيطة والحذر وتغليب الجوهر على الشكل والأهمية النسبية المادية.

وقد أعتبر الإفصاح في إعداد التقارير المالية ذو أهمية كبيرة عند إعداد التقارير المالية والإفصاح عن المعلومات الضرورية التي تعتبر كافية للسماح بالتنبؤ باتجاهات الإيرادات المستقبلة وتوزيع الأرباح، حيث تم اقتراح ثلاثة معايير للإفصاح وهي (الإفصاح الكافي والإفصاح العادل والإفصاح الكامل).

وقد أيدت منشآت ومؤسسات كثيرة مبدأ الإفصاح عن المعلومات الملائمة وإمداد مستخدمي القوائم المالية بالمعلومات الجوهرية لتسهيل اتخاذ القرارات، وقد

---

(1) حماد، طارق، موسوعة المعايير المحاسبية، شرح معايير المحاسبة الدولية المقارنة مع المعايير الأمريكية والبريطانية والمصرية،2002، الجزء الأول.

تم تقسيم المعايير المحاسبية الدولية إلى معايير القياس المحاسبي ومعاير الإفصاح المحاسبي.

3-3 : أهمية المعايير المحاسبية :

يلاحظ بأن الحاجة إلى المعايير المحاسبية تأتي من خلال :

1- تحديد وقياس الأحداث المالية للمنشأة، فبدون المعيار المحاسبي لا يمكن الوصول إلى نتائج سليمة ودقيقة وتعكس المركز الصحيح للأحداث المالية.

2- إيصال نتائج القياس إلى مستخدمي القوائم المالية، ويلاحظ غياب المعايير المحاسبية سوف تؤدي إلى عدم الوصول إلى نتائج قياس سليمة وبالتالي سوف تكون عملية الإيصال لتلك النتائج تعكس الواقع غير السليم.

3- تحديد الطريقة المناسبة للقياس، ويلاحظ بأن المعيار يحدد المناسبة في عدد من الطرق التي قد يشار إليها في تنوع المعيار.

4- عملية اتخاذ القرار وبهذا فإن المعيار الملائم والمناسب وتوفرة بشكل دقيق يمكن في النهاية أن يتم علية إتحاذ قرار مناسب.

أما الجوانب في غياب المعايير المحاسبية سوف تؤدي إلى :

1- غياب المعيار المحاسبي يؤدي إلى استخدام طرق محاسبية قد تكون غير سليمة، أو قد يؤدي إلى المنشات استخدام طرق متباينة، وغير موحدة، أو قد يؤدي إلى عدم الاشارة إلى الطريقة المتبعة

2- غياب المعيار المحاسبي قد يؤدي إلى إعداد قوائم مالية كيفية، وبالتالي يصعب فهم تلك القوائم أو يصعب الاستفادة منها من قبل المستفدين الداخلين أو المستفيدين الخارجيين .

3- غياب المعيار المحاسبي قد يؤدي إلى اختلاف الأسس التي تحدد وتعالج العمليات والأحداث المحاسبية للمنشاة الواحدة أو المنشات المختلفة، وبالتالي يصعب على المستفيد الخارجي أو المستثمر من المقارنة أو دراسة البدائل .

4-غياب المعيار المحاسبي قد يؤدي إلى صعوبة اتخاذ قرار داخلي أو قرار خارجي من قبل المستفيدين وكذلك الدارسين وغيرهم[1] .

وقد اشتملت معايير القياس المحاسبي المطبقة في السوق المالي على المعايير المبينة في الجدول رقم (1-3).

جدول رقم 3-1 معايير القياس المحاسبي[1]

رقم المعيار	اسم المعيار باللغة العربية	اسم المعيار باللغة الإنجليزية
2	المخزون	inventories
4	محاسبة الإهتلاك	Depreciation
8	السياسات المحاسبية, التقديرات والأخطاء	Accounting policies, changes in accounting estimates and errors
10	الأحداث اللاحقة لاعداد الميزانية	Events after the balance sheet date
11	عقود المقاولات	Construction contracts
12	ضرائب الدخل	Income texes

(1) الراوي، حكمت ، المحاسبة الدولية ، دار حنين، عمان -1994 - ص47 .

www.jps-dir.com (1)

Fixedassets & Liabilitiesassets	عـرض الأصـول المتداولـة والمطلوبـات المتداولة	13
leases	عقود الإيجار	17
Revenue	الإيراد	18
Employee benefits	منافع الموظفين	19
The effects of changes in foreign exchange rates	التغيرات في أسعار الصرف	21
Borrowing costs	تكاليف الاقتراض	23
Investments	محاسبة الاستثمارات	25
Investments in associates	الاستثمارات في الشركات الزميلة	28
Earnings per share	ربحية السهم	33
Impairment of assets	انخفاض قيمة الموجودات	36
Provesions, contingent liabilities and contingent assets	المخصصـات والموجـودات والمطلوبـات المحتملة	37
Intangible assets	الأصول غير الملموسة	38
Financial instruments: tecognition and measurement	الأدوات المالية: الاعتراف والقياس	39
Investment property	العقارات الاستثمارية	40
agriculture	الزراعة	41

ويهمنا في هذا البحث إلقاء الضوء على المعايير ذات الصلة في موضوع البحث وهي مبينة كالتالي:

1- **المعيار المحاسبي الدولي الرابع المسمى محاسبة الإستهلاك:**

حيث تم تطبيق هذا المعيار على جميع الأصول القابلة للاستهلاك كالممتلكات وتكاليف الاستكشاف ونفقات البحث والتطوير وشهرة المحل, وقد تم تبني عمر إنتاجي لهذه الأصول, كما تم التطرق إلى طرق الاستهلاك الثابتة والمتغيرة ومعايير الإفصاح عن تقييم طرق الاستهلاك وتقدير العمل الإنتاجي للأصل المستهلك.

2- **المعيار المحاسبي الدولي الثامن والمتعلق بالسياسات المحاسبية, التغيرات في التقديرات المحاسبية والأخطاء[1]:**

يهدف هذا المعيار إلى وصف التبويب والإفصاح والمعالجة المحاسبية لبعض البنود في قائمة الدخل من أجل أن تقوم كافة المنشآت بإعداد وعرض قائمة الدخل على أسس منسقة وهذا يساعد المنشآت على مقارنة قوائمها المالية مع تلك الخاصة بالفترات السابقة ومع البيانات المالية للمنشآت الأخرى. وعليه فإن هذا المعيار يشترط التبويب والإفصاح للبنود غير العادية أي جانب الإفصاح عن بعض البنود من خلال الأرباح والخسائر من الأنشطة الاعتيادية كما يحدد المعيار المعالجة المحاسبية للتغيرات في التقديرات المحاسبية والسياسات المحاسبية وتصحيح الأخطاء الجوهرية.

في هذا المعيار يتم التركيز على معالجة التغيرات في السياسات المحاسبية وتصحيح الأخطاء في حقوق الملكية (الطريقة المفضلة) وليس في قائمة الدخل

(1) ترجمة المجمع العربي للمحاسبين القانونيين, معايير المحاسبة الدولية, عمان, 1999.

ويطبق هذا المعيار على النشاطات العادية في قائمة الدخل وعلى التغيرات في التقديرات المحاسبية والأخطاء الأساسية وعمليات الإفصاح عن السياسات المحاسبية المتعلقة بالمصروفات الإدارية والتسويقية واستخدام أكثر الطرق الملائمة لنشاط المنشأة[1]

3- **معيار المحاسبة الدولي الثاني عشر والمتعلق بضرائب الدخل[2]:**

يهدف هذا المعيار إلى وصف المعالجة المحاسبية لضرائب الدخل والمسألة الأساسية في ذلك هي كيف تتم المحاسبة عن التبعات الجارية والمستقبلية للضريبة لـ:

أ- الاسترداد (السداد) المستقبلي للمبالغ المسجلة كموجودات (مطلوبات) معترف بها في الميزانية العمومية للمنشأة.

ب- العمليات والأحداث الأخرى للفترة الجارية المعترف بها للبيانات المالية للمنشأة.

إن الأمر الملازم للاعتراف باصل أو التزام هو توقع قيام المنشأة باسترداد أو سداد المبلغ المسجل للاصل أو التزام فإذا كان من المحتمل أن استرداد أو سداد ذلك المبلغ المسجل سيجعل مدفوعات الضريبة المستقبلية أكبر (أصغر) مما لو لم يكن لذلك الاسترداد أو السداد تبعات ضريبية, فإن هذا المعيار يتطلب من المنشأة الاعتراف بالتزام ضريبي مؤجل (أصل ضريبي مؤجل) باستثناءات قليلة محددة.

---

(1) الدراسة النظرية والمقارنة بين المعايير السعودية الحالية والأمريكية والدولية المتعلقة بالمعالجة المحاسبية للمصروفات التسويقية والمصروفات الإدارية, معايير المصروفات الإدارية والتسويقية, 2002, إنترنت.

(2) international accounfing standard, herrnie van.

يتطلب هذا المعيار من المنشـأة المحاسبة عـن التبعـات الضريبية للعمليـات والأحـداث الأخرى بنفس الطريقة التي تحاسب فيهـا عـن العمليـات والأحـداث الأخـرى نفسـها وهكـذا فـإن العمليات والأحداث التي يعترف بها في قائمـة الـدخل يجـب أن يعـترف بآثارهـا الضريبية في نفـس القائمة كذلك. واية عمليات أو أحداث أخرى يعترف بها مباشرة في حقوق المـالكين يجـب أن يعـرف بالآثار الضريبية المتعلقة بآثارها الضريبية مباشرة في حقوق المالكين, وبشكل مشابه, يـؤثر الاعـتراف بموجودات ومطلوبات ضريبية في اندماج الأعمال على مبلغ الشهرة أو الشهرة السالبة الناشـئة عـن هذا الاندماج.

كذلك يعالج هذا المعيار الاعتراف بالموجودات الضريبية المؤجلة الناشئة عـن الخسـائر أو الخصومات الضريبية غير المستخدمة, وعـرض ضرائـب الـدخل في البيانـات الماليـة والإفصـاح عـن المعلومات المتعلقة بضرائب الدخل.

4- المعيار المحاسبي الدولي الحادي والعشرون والمتعلق بالتغير بأسعار الصرف[1]:

يمكن أن تقوم المنشأة بنشاطات أجنبية بطـريقتين. حيـث يمكـن أن يكـون لهـا معـاملات بعملات أجنبية أو يكون لهـا عمليـات أجنبيـة. ومـن أجـل شـمول المعـاملات بـالعملات الأجنبيـة والعمليات الأجنبية في القوائم المالية للمنشأة, فإنـه يجـب التعبـير عـن المعـاملات بعملـة المنشـأة معدة التقرير, كما يجب ترجمة القوائم المالية للعمليات الأجنبية إلى عملة المنشأة معـدة التقريـر. أن المسائل الأساسية في المحاسبة عن المعاملات بالعملة الأجنبية والعمليات الأجنبية هي في تحديـد سعر الصرف الواجب استخدامه وكيفية الاعتراف في القوائم المالية بأثر التغيرات في أسعار الصرف.

---

(1) international accounting standards. Herrnie van greening, marivs koen, second edition treasury operations, the world Bank, u.sa (2002).

يتم تطبيق هذا المعيار في حالة المحاسبة عن المعاملات بالعملات الأجنبية وترجمة القوائم المالية للعمليات الأجنبية والاعتراف بفروقات الصرف وتصنيف العمليات الأجنبية والتقارير المعدة من قبل المنشأة الأجنبية, كذلك الإفصاح عن فروقات الصرف الناتجة عن اختلاف العملة, حيث يجب الإفصاح عن السبب في استخدام عملة مختلفة أجنبية, بما في ذلك من آثار على صافي الربح والخسارة[1]

5- المعيار المحاسبي الدولي الخامس والعشرون والمتعلق بمحاسبة الاستثمارات[2]:

حيث اهتم هذا المعيار بمحاسبة الاستثمارات والإفصاح عنها, وقد تضمن هذا المعيار أشكال وتصنيف الاستثمار من حيث التمييز ما بين الأصول الجارية والأصول الطويلة الأجل, وكذلك الاهتمام بتكلفة الاستثمارات والقيمة المسجلة لهذه الاستثمارات الجارية والمنصفة كأصول جارية في الميزانية العمومية.

أما الاستثمارات طويلة الأجل فهي مصنفة على أنها أصول طويلة الأجل في الميزانية, ويتم تقييمها بالكلفة أو القيمة المسجلة كقيمة سوقية أيهما أقل.

ويشمل كذلك هذا المعيار منشآت الاستثمار المتخصصة والتي تمتلك محافظ أوراق مالية قابلة للتسويق حيث تقوم هذه المنشآت بإدراج استثماراتها بالقيمة العادلة كما يشمل عمليات الإفصاح المتعلقة بالعمليات المحاسبية, ويشمل الإفصاح نشر معلومات عن الاستثمارات طويلة الأجل.

---

(1) ترجمة المجمع العربي للمحاسبين القانونيين, معايير المحاسبة الدولية, عمان 1999, صفحة 202.

(2) - Financial Accounting Standards Board, No. 132, Summary (Feb.1998) Internet.

6- المعيار المحاسبي الدولي الثالث والثلاثون والمتعلق بربحية السهم:

يهدف هذا المعيار إلى وضع المبادىء لتحديد وعرض حصة السهم من الأرباح ومقارنة الأداء بين المنشآت, كما ويركز على حساب حصة السهم من الأرباح, وكذلك يشمل أسس تطبيق المعيار في المنشآت التي يتم تداول أسهمها من قبل الجمهور, وكذلك قياس حصة السهم من الأرباح الأساسية ومواضيع أخرى كإصدار السهم واسترداد قيمة السهم العادية وتحويل الأسهم العادية إلى أسهم ممتازة وإصدار حقوق شراء أو خيارات الأوراق المالية, كما يشمل عمليات الإفصاح المتعلقة بحصة السهم من الأرباح الأساسية والمعدل المرجح لعدد الأسهم العادية, وقد ترغب المنشأة في الإفصاح عن معلومات أكثر من تلك التي يتطلبها هذا المعيار مما يساعد المستخدمين لهذه البيانات عن تقييم أداء المنشأة[1].

---

(1) الشبكة العربية للأسواق المالية, لماذا تفوقت بورصة أبو ظبي على بورصة الأردني مستوى الإفصاح, تاريخ (2001/12/6م), إنترنت.

أما معايير الإفصاح المحاسبي فهي تهتم بتزويد مستخدمي القوائم المالية بمعلومات إضافية عن إعداد القوائم المالية المتعلقة بالمركز المالي (الميزانية العمومية, قائمة الدخل, قائمة التغير في حقوق الملكية, قائمة التدفق النقدي) وهذه المعايير مبينة في الجدول رقم (3-2).

جدول رقم (3-2)

معايير الإفصاح المحاسبي

رقم المعيار	اسم المعيار باللغة العربية	اسم المعيار باللغة الإنجليزية
1	إعداد وعرض البيانات المالية	Presentation of financial statements
7	قائمة التدفقات النقدية	Cash flow statements
14	التقارير المالية للقطاعات	Financial Reports & sectors
15	المعلومات التي تعكس آثار التغير في الأسعار	In formation reflecting the effects of changing prices.
16	الممتلكات والمعدات والتجهيزات	Property, plant and equipment
20	محاسبة المنح الحكومية والافصاح عن المساعدات الحكومية	Accounting for government grants and disclosure of government assistance
24	الافصاح عن الأطراف ذات العلاقة	Related party disclosures

Consolidated and separate financial statements	البيانات المالية الموحده	27
Financial reporting hyperinflationary economies	الابلاغ المالي في حالة التظخم المفرط	29
Disclosure in the financial statements of banksard similer financial institutions.	الإفصـــاح في القـــوائم الماليـــة للبنـــوك والمؤسسات المالية المشابهة	30
Interests in joint ventures	الحصص في المشروعات المشتركة	31
Financial instrumenst: presentation	الأدوات المالية: الافصاح والعرض	32
Interim financial reporting	التقارير المرحلية	34

1- المعيار المحاسبي الدولي الأول المتعلق بعرض البيانات المالية[1]:

إن الهدف من هذا المعيار بيـان أسـاس عـرض البيانـات الماليـة للأغـراض العامـة لضـمان إمكانية مقارنتها مع البيانات المالية الخاصة بالمنشأة للفترات السـابقة والبيانـات الماليـة للمنشـآت الأخـرى, ولتحقيـق هـذا الهـدف يحـدد هـذا المعيـار الاعتبـارات الكليـة لعـرض البيانـات الماليـة والإرشادات الخاصة بهيكلها والحـد الأدنى مـن المتطلبـات لمحتوى البيانـات الماليـة, أمـا الاعـتراف بالعمليات والأحداث المحـددة وقياسـها والإفصـاح عنهـا فيـتم تناولهـا في معـايير الحاسـبة الدوليـة الأخرى.

ينطبق هذا المعيار على كافة أنواع المنشآت بما في ذلـك البنـوك وشركـات التـأمين, وهنـاك متطلبات إضافية للبنوك والمؤسسات المالية الأخرى تتناسب مع

www.infotechaccountants.com (1)

متطلبات هذا المعيار ورد ذكرها في معيار المحاسبة الدولي رقم (30) - الإفصاحات في البيانات المالية للبنوك والمؤسسات المالية المماثلة.

والمقصود بالبيانات المالية أنها عرض مالي هيكلي للمركز المالي للمنشأة والعمليات التي تقوم بها, والهدف من البيانات المالية ذات الأغراض العامة تقديم المعلومات حول المركز المالي للمنشأة وأداؤها وتدفقاتها النقدية مما هو نافع لسلسلة عريضة من المستخدمين عند اتخاذهم قرارات اقتصادية, كما تبين البيانات المالية نتائج تولي الإدارة للمصادر الموكلة لها, ولتحقيق هذا الهدف تقدم البيانات المالية معلومات حول ما يلي:

أ- موجودات المنشأة.

ب- مطلوبات المنشأة.

ج- حقوق المساهمين.

د- دخل ومصروفات المنشأة بما في ذلك الأرباح والخسائر.

هـ- التدفات النقدية.

تساعد هذه المعلومات بالإضافة إلى المعلومات الأخرى الواردة في الإيضاحات حول البيانات المالية المستخدمين في توقع التدفقات النقدية المستقبلية للمنشأة, وبشكل خاص توقيت توليد النقد والنقد المعادل والتأكد من ذلك. على أن يراعي المبادىء التالية:

- العرض العادل والامتثال لمعايير المحاسبة الدولية.
- السياسات المحاسبية.
- فرضية استمرارية المنشأة.
- المحاسبة على أساس الاستحقاق.

• ثبات عرض وتصنيف البنود.

كما تشمل بيانات عن الميزانية العمومية بما في ذلك الموجودات المتداولة والمطلوبات قصيرة الأجل والإيضاحات الملحقة بقائمة المركز المالي, وكذلك قائمة الدخل والتي تشمل الإيرادات والتكاليف وصافي الربح والخسارة بالإضافة إلى الإيضاحات الملحقة بقائمة الدخل. كما يشمل هذا المعيار الإفصاح عن التغيرات في حقوق المساهمين[1] .

2- المعيار المحاسبي الدولي السابع المتعلق بقوائم التدفق النقدي[2]:

إن المعلومات المتعلقة بالتدفقات النقدية لأي منشأة مفيدة في تزويد مستخدمي البيانات المالية بالأساس اللازم لقياس قدرة تلك المنشأة على توليد نقدية أو ما يعادلها واحتياجات المنشأة لاستخدام والانتفاع من تلك التدفقات النقدية. وتتطلب القرارات الاقتصادية لمستخدمي المعلومات تقييم قدرة المنشأة على توليد نقدية وما يعادلها وكذلك توقيت ودرجة التأكد المتعلقة بتوليد تلك التدفقات.

ويهدف هذا المعيار إلى إلزام المنشآت بتقديم معلومات عن التغيرات الفعلية في النقدية وما يعادلها وذلك بإعداد قائمة للتدفقات النقدية مع تقسيم التدفقات النقدية خلال الفترة إلى تدفقات من النشاطات التشغيلية والاستثمارية والتمويلية.

---

(1) الغيلاني, وميض, 1995, كفاءة سوق مسقط للأوراق المالية (دراسة تحليلية) رسالة ماجستير غير منشورة - الجامعة الأردنية.

(2) International Accounting Standards Committee (IASC) Qualitative Characteristics of Financial Statement, Internet.

حيث يشمل هذا المعيار على كيفية عرض وإعداد قائمة التدفق النقدي والنشاطات التشغيلية والتي ينتج عنها تدفقات نقدية مثل المقبوضات من بيع السلع والخدمات والمقبوضات من الرسوم والمعاملات والمدفوعات النقدية للموردين والموظفين والمدفوعات النقدية لضرائب الدخل.

كما يشمل هذا المعيار التدفقات النقدية الناجمة عن النشاطات الاستثمارية المتعلقة بالمدفوعات النقدية مقابل شراء ممتلكات وأثاث ومعدات أو من مقبوضات نقدية عن هذه الممتلكات, بالإضافة إلى القروض وسداد القروض والمدفوعات والمقبوضات من العقود المستقبلية.

كما يشمل هذا المعيار التدفقات النقدية عن النشاطات التمويلية والناجمة عن المتحصلات النقدية عن إصدار الأسهم والسندات وسداد القروض والمدفوعات النقدية من قبل المتاجر بالإضافة إلى تقديم التقارير عن تدفقات نقدية من نشاطات استثمارية وتمويلية وتدفقات بالعملات الأجنبية والفائدة وأرباح الأسهم والضرائب على الدخل والاستثمارات في الشركات التابعة والعمليات غير النقدية والإفصاح عن هذه التدفقات النقدية.

3- المعيار المحاسبي الدولي الرابع عشر- والمتعلق بالتقارير المالية المتعلقة بالقطاعات المختلفة[1]:

ينطبق المعيار فقط على المنشآت التي تتداول أوراقها المالية من قبل الجمهور بما في ذلك المنشآت التي في صدد إصدار أوراق في أسواق الأوراق المالية الحالية.

يجب أن يطبق هذا المعيار في المشاريع التي يتم تداول أوراقها المالية الخاصة بحقوق الملكية أو الديون من قبل الجمهور, وكذلك المشاريع التي هي في مرحلة إصدار أوراق مالية خاصة بحقوق الملكية أو الديون في الأسواق العامة للأوراق المالية.

---

www.infotechaccountants.com(1)

المعلومات الآتية يجب الإفصاح عنها لكل قطاع:

- الإيرادت بحيث يتم إظهار الإيرادات من مصادر خارجية بشكل منفصل عن الإيرادات الخاصة بالعمليات الداخلية (بين القطاعات).
- القيمة المسجلة لموجودات القطاع.
- القيمة المسجلة لالتزامات القطاع.
- التكلفة الإجمالية التي تم تكبدها للحصول على الموجودات الثابتة للقطاع.
- الاهتلاكات والإطفاءات الخاصة بالقطاع.
- المصروفات غير النقدية الأخرى (باستثناء الاستهلاكات).
- حصة القطاع من أرباح وخسائر الاستثمارات المسجلة بطريقة حقوق الملكية وكذلك حصة القطاع من أرباح وخسائر المشاريع المشتركة.
- الأساس الذي يتم استخدامه في تسعير العمليات بين القطاعات.

4- المعيار المحاسبي الدولي الخامس عشر والمتعلق بالتغير في الأسعار[1]:

تتغير الأسعار بمرور الزمن بسبب العديد من العوامل الاجتماعية والاقتصادية الخاصة والعامة فالعوامل الخاصة كالتغيرات في العرض أو الطلب أو المستوى التكنولوجي قد تؤدي إلى تغيرات كبيرة ومستقلة في الأسعار الخاصة. وبالإضافة إلى ذلك فإن العوامل العامة قد تؤدي إلى تغير في المستوى العام للأسعار ثم في القوة الشرائية للنقود.

في العديد من البلدان, يتم إعداد القوائم المالية طبقا لأساس التكلفة التاريخية بغض النظر عن التغير في المستوى العام أو المستوى الخاص لأسعار

---

international accountigstandards. Herrnie van greening, marivs koen, (1) second edition treasury operations, the world Bank, u.sa (2002).

الأصول المحتفظ بها فيما عدا بعض الإستثناءات. كإعادة تقييم الأصول الثابتة أو تخفيض قيمة المخزون أو بعض الأصول المتداولة الأخرى إلى صافي القيمة القابلة للتحقق. ولقد روعي في المعلومات التي يتطلبها هذا المعيار توجيه أنظار مستخدمي القوائم المالية إلى آثار التغير في الأسعار على نتائج عمليات المشروع. إلا أن القوائم المالية سواء أعدت طبقا لأساس التكلفة التاريخية أو أي أساس آخر يأخذ في الاعتبار تغيرات الأسعار لا تهدف بطريقة مباشرة إلى إظهار قيمة المشروع ككل.

تعتمد طرق معالجة تغيرات الأسعار على مدخلين أساسيين لقياس الربح, أحدهما يعترف بالأرباح بعد المحافظة على القوة الشرائية العامة لحقوق الملكية, بينما يركز المدخل الثاني على تحديد الربح بعد المحافظة على الطاقة التشغيلية للمشروع, سواء اشتمل ذلك أم لا على الأخذ في الاعتبار التغيرات في المستوى العام للأسعار.

منهج القوة الشرائية العامة:

يتضمن منهج القوة الشرائية العامة تعديل كل أو بعض بنود القوائم المالية بالتغير في المستوى العام للأسعار, ويؤكد مؤيدو هذا المدخل على أن هذا التعديل ما هو إلا تعديل لوحدات القياس المستخدمة ولا يغير من أساس القياس الأصلي. وفي ظل هذا المنهج فإن صافي الربح يعكس عادة آثار التغير في المستوى العام للأسعار على الاستهلاك, وتكلفة البضاعة المباعة وصافي البنود النقدية وذلك باستخدام أحد الأرقام القياسية المناسبة, كما يتم التقرير عن صافي الربح بعد المحافظة على القوة الشرائية العامة لحقوق المساهمين في المنشأة.

منهج التكلفة الجارية:

يمكن تطبيق منهج التكلفة الجارية باستخدام العديد من الطرق, التي تقوم بصفة عامة على التكلفة الاستبدالية قاعدة رئيسية للقياس. إلا أنه في حالة زيادة

القيمة الاستبدالية عن كل من القيمة القابلة للتحقق والقيمة الحالية, فإن عادة ما يتم استخدام القيمة القابلة للتحقق أو القيمة الحالية أيهما أكبر كأساس للقياس.

5- المعيار المحاسبي الدولي الرابع والعشرون والمتعلق بالإفصاح عن الأطراف ذات العلاقة[1]:

لا تستثنى الشركات الحكومية الهادفة للربحية من الافصاح عن عملياتها مع نظيراتها من الشركات.

الأطراف ذات العلاقة هم الذين باستطاعتهم السيطرة أو التحكم بالطرف الآخر أو ممارسة تأثر هام عليه في صنع القرارات المالية أو التشغيلية.

وممكن أن تكون أشكال هذه العلاقة كما يلي:

- العلاقة بين الشركة الأم والشركة التابعة حسب المعيار الدولي رقم 27.
- العلاقة بين المؤسسات التابعة لسيطرة مشتركة.
- الشركات الزميلة (المعيار المحاسبي رقم 28).
- الأشخاص الذين لهم تأثير هام على المنشأة من خلال ملكيتهم و/أو أعضاء من عائلاتهم في تلك المنشأة.

الإيضاحات المطلوبة هي كما يلي:

أ- طبيعة العلاقة (في حالة وجود علاقة التحكم) حتى في حالة عدم وجود عمليات مالية بين الأطراف ذات العلاقة.

---

(1) international accountigstandards. Herrnie van greening, marivs koen, second edition treasrny operations, the world Bank, u.sa (2002).

ب-

ت- أنواع العمليات بين الأطراف ذات العلاقة.

ج- عناصر العمليات بين الأطراف ذات العلاقة.

- مؤشر عن حجم العمليات إما في صورة مبالغ أو نسب.
- مبالغ أو نسب الأرصدة القائمة.
- سياسات التسعير.

د- يمكن الإفصاح بشكل إجمالي عن البنود ذات الطبيعة المشابهة إلا إذا كان الإفصاح المنفصل ضرورياً لفهم آثار عمليات الأطراف ذات العلاقة.

6- المعيار المحاسبي الدولي الثلاثون الإفصاح في البيانات المالية للبنوك والمؤسسات المالية المماثلة[(1)]:

يحتاج مستخدمو البيانات المالية الخاصة بالبنك إلى معلومات ملائمة وموثوقة وقابلة للمقارنة وذلك لمساعدتهم في تقييم أداء البنك ومركزه المالي بالإضافة إلى مساعدتهم في اتخاذ القرارات الاقتصادية. كما يحتاج مستخدمو البيانات المالية إلى معلومات تساعدهم على فهم السمات الخاصة لطبيعة أنشطة البنوك. ويحتاج المستخدمون إلى تلك المعلومات بالرغم من خضوع البنك للرقابة والإشراف من قبل جهات حكومية وقيامه بتزويد تلك الجهات بمعلومات لا تكون عادة متاحة للجمهور, ولذلك فإن الإفصاح في البيانات المالية للبنوك يجب أن يكون شاملاً بدرجة كافية لمقابلة احتياجات هؤلاء المستخدمين, وذلك مع الأخذ في الاعتبار أية قيود معقولة تحد من قدرة إدارة البنك على الوفاء بتلك الاحتياجات.

---

(1) international accountigstandards. Herrnie van greening, marivs koen, second edition treasury operations, the world Bank, u.sa (2002).

حيث بينت دراسة برهومة عام (2000م) [1] والمتعلقة بقياس كفاءة أسعار أسهم قطاع البنوك والشركات المالية والمدرجة في بورصة عمان, حيث أشارت هذه الدراسة على أن التغيرات في أسعار الإغلاق لأسهم قطاع البنوك والشركات المالية لا تتمتع بخصائص التوزيع الطبيعي, وبالتالي فإن أسعار الأسهم لا تتصف بالكفاءة, كما أظهرت وجود ارتباط بين أسعار إغلاق الأسهم الشهرية.

7- المعيار المحاسبي الدولي الثاني والثلاثون والمتعلق بالأدوات المالية: الإفصاح والعرض [2]:

أدت التطورات المتلاحقة في أسواق المال الدولية إلى انتشار استخدام العديد من الأدوات المالية سواء في صورتها التقليدية الأساسية كالسندات أو في صورة مشتقاتها مثل مقايضات أو مبادلات معدلات الفائدة. ويهدف هذا المعيار إلى تدعيم فهم مستخدمي البيانات المالية فيما يتعلق بأهمية الأدوات المالية سواء كانت ظاهرة بالبيانات المالية أو خارجها بالنسبة للوضع المالي للمنشأة وأدائها وكذلك تدفقاتها النقدية.

ويقدم المعيار توصيفا للمتطلبات المتعلقة بعرض الأدوات المالية الظاهرة بالميزانية, كما يحدد المعيار المعلومات التي يجب الافصاح عنها فيما يتعلق بالأدوات المالية سواء كانت ظاهرة بالميزانية أو خارجها.

وفيما يتعلق بعرض الأدوات المالية الظاهرة بالميزانية يعالج المعيار كيفية تبويب الأدوات المالية إلى مطلوبات وحقوق ملكية وكذلك تبويب ما يتعلق بها من

---

(1) برهومة, سمير, 2000, كفاءة بورصة عمان للأوراق المالية: دراسة أسعار أسهم قطاع البنوك عند المستوى الضعيف, رسالة ماجستير غير منشورة - آل البيت.

(2) international accounting standard, herrnie van

فوائد, أرباح الأسهم, خسائر ومكاسب وكذلك توضيح الأحوال التي يجب فيها عمل مقاصة بين الموجودات المالية والمطلوبات المالية. ويتعرض الجزء الخاص بالإفصاح للمعلومات الخاصة بالعوامل التي تؤثر في مقدار وتوقيت ومخاطر التدفقات النقدية المستقبلية الخاصة بالمنشأة والناتجة عن الأدوات المالية وكذلك السياسات المحاسبة المطبقة في معالجة الأدوات المالية. وبالإضافة إلى ذلك فإن المعيار يحبذ الافصاح عن المعلومات الخاصة بطبيعة ومدى استخدام المنشأة للأدوات المالية, وأغراض استخدامها والمخاطر المرتبطة بها وسياسات الإدارة في التحكم في تلك المخاطر.

وقد بينت دراسة الرفاعي عام 1999م[1] حول تحليل وقياس العلاقة بين المتغيرات الاقتصادية وأداء سوق عمان المالي إلى أن العرض النقدي وسعر الفائدة والتضخم وسعر الصرف والناتج القومي الإجمالي وحوالات العاملين في الخارج تؤثر على تحليل وقياس العلاقة بين المتغيرات الاقتصادية وأداء سوق عمان المالي, كما يشمل المعيار طريقة تقييم المخزون وطرق تحديد قسط الإهلاك السنوي.

---

(1) الدراسة النظرية والتطبيقية لمعيار مخاطر المراجعة والأهمية النسبية, إنترنت, 2002.

معايير الإبلاغ المالي الدولية		
First – time adoption of infernational financial reporting standards	تبني المعايير الدولية لإعداد التقارير المالية لأول مرة	1
Share – based payment	الدفع على أساس الأسهم	2
Business combinations	اندماج الأعمال	3
Insurance contracts	عقود التامين	4
Non-current assets held for sale and discontinued operations	الأصول المحتفظ بها للبيع: العمليات المتوقفة	5
Exploration for and evaluation of mineral resources	استكشاف وتقييم موارد التعدين	6
Financial instruments: disclosures	الأدوات المالية: الإفصاح	7
Operating segments	القطاعات التشغيلية	8

الفصل الرابع

سوق عمان المالي

بورصة عمان (سوق عمان المالي) والأداء المالي للشركات الصناعية

المقدمة

1-4 نشأة وهيكل سوق عمان المالي

2-4 خصائص بورصة عمان

3-4 الافصاح المالي والمعايير المحاسبية الدولية في بورصة عمان

4-4 الأداء المالي للشركات الصناعية

5-4 أدوات تقييم الأداء المالي

المقدمة

يشمل هذا الفصل على هيكل وخصائص ومؤشرات سوق عمان المالي وكذلك الإفصاح المالي لبورصة عمان والأداء المالي للشركات الصناعية من ناحية أهمية القطاع الصناعي ومدى مساهمة الشركات الصناعية في الناتج القومي الإجمالي وكذلك مدى مساهمة الصناعة بنسبة الصادرات ومدى مساهمة الإنتاج الصناعي من الناتج القومي الإجمالي في المملكة الأردنية الهاشمية وملخص الفصل.

1-4: نشأة وهيكل سوق عمان المالي

لقد خطى سوق عمان المالي منذ نشأته عام 1978م خطوات هامة على صعيد سوق النقد ورأس المال في المملكة الأردنية الهاشمية, حيث احتل سوق عمان المالي مكانة مرموقة بين الأسواق الناشئة في منطقة الشرق الأوسط، وقد تم إصدار العديد من التشريعات المتعلقة بتنظيم سوق عمان المالي ومن أهمها:

قانون الأوراق المالية سنة 1997م وقانون الأوراق المالية لعام 2002م، بالإضافة إلى تعليمات الإفصاح والمعايير المحاسبية ومعايير التدقيق والشروط الواجب توفرها في مدققي الحسابات والصادرة في عام 1998م، حيث هدفت هذه القوانين و التعليمات إلى تحديد نوعية التقارير الواجب تقديمها من قبل هذه الشركات وضرورة الإعلان عن البيانات السنوية خلال الثلاثة أشهر من انتهاء السنة المالية وإلزام الشركات المساهمة العامة بتطبيق معايير المحاسبة الدولية.

كما تضمنت المعلومات كيفية تعامل الأشخاص المطلعين وضرورة أن يعلم هؤلاء هيئة الوراق المالية بحجم الأسهم المتداولة لشركاتهم.

وطبقا لقانون الأوراق المالية لعام 2002م فقد تم إنشاء ثلاثة مؤسسات مستقلة عن بعضها البعض داخل سوق عمان المالي وهي: هيئة الأوراق المالية وبورصة عمان ومركز الإيداع، حيث تعتبر هيئة الأوراق المالية هي المسؤولة عن الإشراف و مراقبة عمل البورصة بالإضافة إلى سن القوانين المنظمة لأعمال البورصة, وكذلك إصدار التراخيص لشركات الوساطة المالية والتي يبلغ عددها ثمانية من القطاعين العام والخاص.

أما بورصة عمان للأوراق المالية فهي مسؤولة عن تطوير السوق الأول والثاني في الأردن والعمل على تنظيم عمل السماسرة وتداول أسهم الشركة في البورصة.

أما مركز إيداع الأوراق المالية فمهمته تنحصر في نقل ملكية الأسهم والسندات والعقود التي تم تبادلها بين المشتري والبائع للأوراق المالية من خلال السماسرة كما يقوم المركز بتسجيل هذه الملكيات وتسوية المدفوعات الناجمة عن تبادل الأوراق المالية، ومن الجدير بالذكر أن هيئة الأوراق المالية تعتبر هيئة حكومية تابعة لرئاسة الوزراء.

أما بورصة عمان فهي مؤسسة من مؤسسات القطاع الخاص هدفها تنظيم عمليات إصدار و تداول الأوراق المالية[1].

و الأعضاء في البورصة هم من الشركات المساهمة العامة الخدمية والصناعية بالإضافة إلى البنوك و شركات التأمين, حيث تشكل الشركات الصناعية نسبة تزيد عن (50%) من الشركات المسجلة في البورصة[2].

2-4: خصائص بورصة عمان

من خصائص بورصة عمان (سوق عمان المالي) أنه سوق صغير الحجم من ناحية عدد الشركات المسجلة والتي لا تزيد عن (161) شركة خلال فترة الدراسة و التي تبلغ القيمة السوقية لأسهمها حوالي ثمانية مليارات دولارات و هي نسبة تزيد عن الحجم الناتج القومي بقليل، إلا أن بورصة عمان تتميز بالخصائص التالية:

---

(1) بورصة عمان، سوق الأوراق المالية، تعليمات إدراج وإيقاف أسهم الشركات المساهمة العامة، صادرة بالاستناد لإحكام المادة (26) من قانون الأوراق المالية رقم (23) 1997، المواد من (3،8).

(2) بورصة عمان، سوق الأوراق المالية، تعليمات إدراج وإيقاف أسهم الشركات المساهمة العامة، صادرة بالاستناد لأحكام المادة (26) من قانون الأوراق المالية رقم (23) 1997، المواد من (9،14) .

1- صغر حجم التداول في البورصة مقارنة مع البورصات العربية و الأجنبية الكبرى.

2- تتصف بورصة عمان بكونها سوق نظامية تتكون من السوق الأولي لإصدار الأسهم و السندات، و السوق الثانوي للتداول في هذه الأوراق[1].

3- إن نسبة تعادل حوالي (40%) من أسهمها مملوكة من قبل شركات عربية و أجنبية.

4- معظم التداول في أسهم الشركات بنسبة (90%) من حجم التداول.

5- تتصف بورصة عمان بانخفاض تداول السندات مقارنة مع الأسهم, حيث تبلغ نسبة التداول فيها حوالي (10%) من حجم التداول في البورصة.

6- لا تتعامل بورصة عمان بالمشتقات المالية كعقود الخيار والعقود المستقبلية أو الآجلة وكذلك عقود التبادل.

7- تم مكننة (Automation) عمليات التداول في البورصة وفي مركز الإيداع عن طريق التبادل الإلكتروني ولذلك تتصف عملياتها بالسرعة والإنجاز في الأداء.

8- تتصف البورصة بدرجة إفصاح عالية طبقاً لتعليمات الإفصاح الصادرة عام 1999م[1].

---

(1) قانون الأوراق المالي قانون رقم (23)، 1997، المادة (26)، البند (أ).

(2) تعليمات الإفصاح الخاصة ببورصة عمان، صادر بالاستناد لأحكام الفقرتين (ج،د) من المادة (26) من قانون الأوراق المالية، رقم(23)، والمادة(3) ،1997 وعمل بها اعتبار من تاريخ 1999/10/15م.

-9

وتقوم البورصة بنشر أسعار أسهم الشركات المتداولة في السوق النظامي بشكل فوري من قاعة التداول كما يتم نشر معلومات التداول من خلال خدمات الهاتف والكمبيوتر والتداول الإلكتروني[1]، كما تقوم البورصة بنشر البيانات المالية عن أداء الشركات وأسعار أسهمها وحجم التداول فيها من خلال النشرات التالية:

- النشرة اليومية والأسبوعية.
- النشرة الإحصائية الشهرية.
- دليل الشركات.
- التقرير السنوي
- نظام التداول الإلكتروني[2].

3-4: الإفصاح المالي والمعايير المحاسبية الدولية في بورصة عمان:

يعتبر موضوع الإفصاح المالي وإشهار المعلومات فيما يتعلق بالشركات المساهمة العامة روح أي سوق أو أي بورصة وأساس استمرار نجاحه وتطوره نحو تدعيم الثقة فيه بما يحقق استقطاب جمهور المتعاملين نحو أدواته.

إذ أن عملية توفير معلومات سليمة وإيصالها من حيث النوع والكم والتوقيت إلى المتعاملين فيها من الحماية الشيء الكثير لهم بالنظر لأهميتها الكبرى في مساعدتهم على اتخاذ قراراتهم الاستثمارية في الأوراق المالية.

(1) برهومة سمير فهمي، كفاءة بورصة عمان للأوراق المالية، رسالة ماجستير، جامعة ال البيت، أيار سنة 2000، صفحة (24)، مرجع سابق.

(2) نظام التداول الإلكتروني في بورصة عمان، نشرة خاصة بمناسبة الاحتفال الرسمي ببدء التداول الإلكتروني في بورصة عمان بتاريخ 2000/8/29.

فقد أوضح النظام الداخلي لبورصة عمان [1] واجبات الشركات المساهمة فيما يتعلق بالإفصاح عن المعلومات والبيانات المالية الدورية، بهدف توفير معلومات كافية ومتكاملة وغير مضللة عن وضعها المالي، وقد نص هذا النظام على ما يلي:

1- على الشركة المصدرة التصريح عن نتائج أعمالها الأولية بعد قيام مدقق حساباتها بإجراء عملية المراجعة الأولية لها، وذلك خلال خمسة وأربعين يوماً من انتهاء سنتها المالية كحد أقصى وتزويد الهيئة بنسخ عنها.

2- يترتب على مجلس إدارة الشركة المصدرة إعداد وتزويد الهيئة بالتقرير السنوي للشركة خلال مدة لا تزيد عن ثلاثة أشهر من انتهاء سنتها المالية.

3- على الشركة المصدرة الإعلان عن البيانات السنوية بعد إقرارها من قبل مجلس إدارتها وفور صدور تقرير مدققي الحسابات عليها وذلك قبل توزيعها على المساهمين على أن يتضمن الإعلان أيضا خلاصة وافية عن تقرير مجلس الإدارة والنص الكامل لتقرير مدققي حسابات الشركة، وذلك خلال فترة لا تتجاوز ثلاثة شهور من انتهاء سنتها المالية.

4- على مجلس إدارة الشركة المصدرة إعداد تقرير نصف سنوي مقارن مع نفس الفترة من السنة المالية السابقة والإعلان عن هذا التقرير خلال فترة لا تتجاوز شهراً من تاريخ انتهاء تلك الفترة وتزويد الهيئة بنسخ عنه.

(1) هيئة الأوراق المالية، تعليمات الإفصاح والمعايير المحاسبية ومعايير التدقيق والشروط الواجب توافرها في مدققي حسابات الجهات الخاضعة لرقابة هيئة الأوراق المالية رقم (1) 1998، الصادر عن مجلس مفوضي هيئة الأوراق المالية بالاستناد لأحكام المادتين(9) و(53) من قانون الأوراق المالية رقم (23)1997، المواد من (5،9) وقد عمل به بتاريخ 1998/9/1.

5- على الشركة المساهمة العامة التي تقوم بتغيير سنتها المالية أعداد البيانات المالية المبنية أدناه والتي تغطي الفترة الانتقالية التي تمتد من نهاية السنة المالية السابقة وبداية السنة المالية الجديدة، والإعلان عنها وتزويد الهيئة بنسخ منها وذلك خلال فترة لا تتجاوز (45) يوماً من نهاية الفترة الانتقالية.

على أن تكون هذه البيانات المالية مدققة من مدققي حسابات الشركة وهي:

-الميزانية العامة.

-حساب الأرباح والخسائر خلال الفترة الانتقالية.

-قائمة التدفق النقدي.

-بيان التغيرات في حقوق المساهمين.

-الإيضاحات حول البيانات المالية.

-تقرير مدققي الحسابات للفترة الانتقالية.

حيث يتبين لبورصة الأوراق المالية أن لها الدور الأساسي في عملية إيصال المعلومات والإفصاح عنها بدقة للمستثمرين[1]، وقد أوضح النظام الداخلي لبورصة عمان[2] المعايير المحاسبية المطبقة في الشركات المدرجة في بورصة عمان التي نص فيها النظام على ما يلي:

---

(1) عبد الغني، سمير، المفهوم الشامل لكفاءة سوق الأوراق المالية، مجلة البنوك في الأردن، المجلد الثامن، العدد الخامس، عمان، أيار 1989، صفحات (12،97).

(2) هيئة الأوراق المالية، تعليمات الإفصاح والمعايير المحاسبية ومعايير التدقيق والشروط الواجب توافرها في مدققي حسابات الجهات الخاضعة لرقابة هيئة الأوراق المالية، رقم (1) 1998، الصادر

1- تلتزم جميع الجهات الخاضعة لرقابة الهيئة بتطبيق المعايير المحاسبية الدولية الصادرة عن لجنة المعايير المحاسبية الدولية.

2- في حالة تعارض أي من هذه المعايير المحاسبية الدولية مع التشريعات المعمول بها في المملكة تسري التشريعات المحلية ويتعين على الجهات الخاضعة لرقابة الهيئة الإفصاح عن ذلك وتأثيره على القوائم المالية.

3- على مجلس إدارة الشركة المصدرة في بداية كل سنة تشكيل لجنة تدقيق من ثلاثة أعضاء من أعضائه غير التنفيذيين وإعلام الهيئة بذلك وبأي تغييرات تحصل عليها وأسباب ذلك.

4- تجتمع لجنة التدقيق بصفة دورية وتقدم تقاريرها أولاً بأول لمجلس الإدارة على أن لا يقل عدد اجتماعاتها عن أربع مرات في السنة.

5- للجنة التدقيق طلب أية معلومات من أي موظف في الشركة، وعلى كل الموظفين التعاون مع اللجنة، كما لها طلب المشورة القانونية أو المالية أو الإدارية أو الفنية من أي مستشار خارجي.

6- تتولى لجنة التدقيق القيام بما يلي:

- دراسة ومناقشة الأمور التي تظهر نتيجة عمل مدقق الحسابات (الخارجي/ الداخلي) بالإضافة لأية أمور أخرى تراها اللجنة ضرورية.
- دراسة كتاب ملاحظات مدقق الحسابات الخارجي المتعلق بنظام الرقابة الداخلي وأجوبة إدارة الشركة عليه.

عن مجلس مفوضي هيئة الأوراق المالية بالاستناد لأحكام المادتين (9) و (53) من قانون الأوراق المالية رقم (23) 1997، المواد من (24،25) وقد عمل به بتاريخ 1998/9/1.

- دراسة التقارير المالية السنوية والدورية قبل عرضها على مجلس الإدارة، وبشكل خاص السياسات المحاسبية وأي تعديلات عليها والتعديلات الجوهرية الناجمة عن إجراءات التدقيق، ومدى الالتزام بتعليمات هيئة الأوراق المالية والمتطلبات القانونية الأخرى.

وهذا يبين أن بورصة عمان للأوراق المالية اهتمت بموضوع المعايير المحاسبية ومعايير التدقيق والإفصاح المالي وعملية إشهار المعلومات بشكل كبير جداً وأن أهم ما يميز هذه السوق عن غيره من الأسواق الأخرى في الدول النامية هو حرصه الكامل على إظهار وإشهار ونشر المعلومات التي تهم كافة المتعاملين حتى لا تصبح حكراً لأحد دون الآخر، وكذلك تولي إدارة البورصة من خلال تعاملها بالأوراق المالية (الأسهم والسندات) أهمية كبيرة لعملية تدقيق الحسابات والإفصاح الفوري عن المعلومات المالية وغير المالية وذلك لتعميمها على الوسطاء والمستفيدين.

حيث أن إدارة بورصة عمان لم تلتفت إلى إدخال التعامل بالأدوات الأخرى مثل المستقبليات (Futures) والخيارات (Options) كما هو في البورصات العالمية مثل بورصة نيويورك وبورصة طوكيو وبورصة لندن، وهي أسواق عالمية يتم التداول فيها بالإضافة إلى الأسهم والسندات بالخيارات والمستقبليات وعلى مدار الساعة[1].

---

(1) **Geffrey A. Hirt & Stanley B.Block, Fundamentales Of Investment 4th Edition, Irwin .IL. 1993,P.40.‹Management**

4-4: الأداء المالي للشركات الصناعية

يعتبر القطاع الصناعي من القطاعات الحيوية الهامة في معظم دول العالم بما في ذلك الدول العربية وذلك من حيث مساهمة هذه الشركات في الناتج القومي الإجمالي والتي تتراوح بين(10-18%) في الدول النامية بينما تصل هذه المساهمة إلى اكثر من (40%) في معظم الدول الصناعية .

كما تساهم الصناعة بنسبة كبيرة من صادرات الدول المتقدمة والعديد من الدول النامية حيث تصل نسبة الصادرات الصناعية إلى مجمل الصادرات ما نسبة (90%) في المملكة الأردنية الهاشمية (البنك المركزي 2004).[1]

ويشير هيكل الصناعة في الأردن أن الصناعة تقسم إلى صناعات تحويلية **(Manufacturing)** كالأسمدة والأحماض الكيماوية والأسمنت والمنتجات البترولية بالإضافة إلى الكهرباء .

بينما الصناعات الاستخراجية (Manning and Quarrying) تشمل صناعة الفوسفات والبوتاس في المملكة الأردنية الهاشمية (البنك المركزي 2005) [1].

وفي الآونة الأخيرة نشطت الصادرات الصناعية في المملكة الأردنية الهاشمية بنسبة نمو تزيد عن (10%) اتفاقيات الانفتاح الاقتصادي المتمثلة بمنظمة التجارة العالمية (W-T-O) واتفاقية التجارة الحرة مع الولايات المتحدة (F-T-A) بالإضافة إلى اتفاقيات المناطق الصناعية المؤهلة (Q-I-Z).

وتشير نسب مساهمة القطاعات الاقتصادية في السوق المالي الى أن الصناعة قد مثلت (45.9%) من نشاط السوق المالي بينما بلغت الخدمات(42.4%) بينما كانت

---

(1) البنك المركزي، بينات إحصائية سنوية (1964_2003) ، دائرة الأبحاث ، عمان، تشرين الأول، 2004.

(1) البنك المركزي ، النشرة الإحصائية الشهرية – 2005 ، حزيران المجلد 41، العدد 6.

مساهمة البنوك (28.5%) بينما التامين قد حصل على (1.2%) وهذا يدل على أن قطاع الصناعة هو القطاع الرائد في القطاعات الاقتصادية والذي يمثل حجم تداول كبير في البورصة (بورصة عمان-2003)[1].

يساهم الإنتاج الصناعي بنسبة تزيد عن (15%) من الناتج القومي الإجمالي في المملكة الأردنية الهاشمية ويشغل ما نسبته (12%) من الأيدي العاملة في المملكة .

5-4: أدوات تقييم الأداء المالي

1. القيمة السوقية للسهم Share Market Value (MV):

وهي القيمة التي يتعامل بها في السوق المالي والتي سميت ببورصة عمان فيما بعد وهذه القيمة كثيرة التقلب إذا ما قارناها بالقيمة الإسمية التي تظل ثابتة، وتتغير القيمة السوقية للسهم تبعاً للوضع المالي للمنشأة والظروف الاقتصادية عامة، وحجم العرض والطلب على ذلك السهم. وقد تزيد القيمة السوقية على القيمة الأسمية وبالتالي يحقق حملة الأسهم أرباحاً رأسمالية إذا باعو أسهمهم. أما إذا نقصت القيمة السوقية عن القيمة الأسمية، يحقق حملة الاسهم خسارة لأنهم لا يستردون قيمة ما دفعوه كثمن للسهم.

وتلعب الظروف الاقتصادية والسياسية السائدة في البلد، وتوقعات المستثمرين دوراً هاماً في التأثير على القيمة السوقية للسهم. وتكون التنبؤات حول قيمة الأسهم السوقية عادة مبنية على الأحكام الشخصية للأفراد المتعاملين في السوق، كما أن هذه التنبؤات تختلف من شخص لآخر، وعليه فإن هذه الاختلافات يكون سبباً في عدم ثبات سعر السوق، لذا تكون القيمة السوقية للسهم أعلى أو معادلة أو أقل من القيمة الاسمية أو القيمة الدفترية، ويتوقف هذا على تقديرات حملة الأسهم والمتعاملين بالأوراق المالية لدى ربحية الشركة في

---

(2) بورصة عمان، التقرير السنوي الخامس 2003، سوق الأوراق المالية، عمان، الأردن.

المستقبل، ولمقدار الأرباح المتوقع توزيعها وللحالة الاقتصادية العامة، ومعدلات التضخم وأسعار الفوائد، حيث يتوقع أن ترتفع أسعار الأسهم مع انخفاض الفوائد على الودائع.

ويمثل القيمة السوقية للسهم سعر التداول لسهم الشركة نهاية السنة، وعادة ما تعكس القيمة السوقية للأسهم وضع الشركة وحجمها من خلال حجم التداول فيها وسعر إعلان أسهمها وارتفاع القيمة السوقية للسهم يكون مؤشراً إيجابياً لنجاح الشركة وسيرها بالاتجاه الصحيح وتحقيق أكبر قدر من الأرباح واتجاه المستثمرين لأسهم تلك الشركات لثقتهم بأسهم تلك الشركات من خلال أدائها المالي، وكذلك تتأثر أسعار الأسهم نتيجة لتغير التوقعات الخاصة بالوضع الاقتصادي العام أو المرتبطة بالتطورات السياسية المحلية والعربية والعالمية[1].

2. عائد السهم الواحد (Earning Per Share):

وتعتبر هذه النسبة إحدى مؤشرات الربحية، وهي تقيس كمية الأرباح التي تحصل كل سهم من أسهم الشركة في نهاية الفترة المالية [2].

ويعتبر عائد السهم الواحد أكثر مؤشرات الأداء استعمالاً لقياس كفاءة الأداء المالي للشركات، وهو يلعب دوراً هاماً في التحليل الاستثماري، كما يعتبر ضرورياً للتنبؤ بالأرباح المتوقع توزيعها ومعدلات النمو المتوقع تحقيقها، بالإضافة إلى معرفة القيمة المستقبلية للأسهم، وأخيراً تمكن الإدارة من وضع السياسات الخاصة بالأرباح من خلال تحديد العائد على السهم. ويؤخذ على هذا المؤشر غموضه كمقياس للأداء بسبب ظاهرة الاحتفاظ بجزء من الأرباح لأسباب مختلفة،

---

(1) صباح بدوي ورتاب خوري، دراسة تحركات أسعار الأسهم في سوق عمان المالي باستخدام النماذج القياسية، دراسات، عدد 1 1997م.

(2) زياد رمضان – إدارة الأعمال المصرفية – عمان – دار صفاء للنشر – 1997 .

فلو فرضنا وجود شركتين تحققان نفس العائد على السهم الواحد، وأن الشركة الأدنى توزع جميع أرباحها والثانية تقوم بعكس ذلك، سنجد أن الشركة الأدنى تحافظ على مستوى عائد ثابت، في حين يزيد العائد في الشركة الثانية بمقدار العائد الناتج عن استثمار الأرباح غير الموزعة الأمر الذي يجعل البعض يعتقد أن الشركة الثانية تحقق نتائج أفضل، علماً بأن الأمر هو أن الشركة الثانية لديها موجودات لكل سهم أكثر من الشركة الأولى.

كما تمثل نصيب السهم من الأرباح المحققة خلال الفترة المالية، ويحسب عائد السهم بقسمة الأرباح المتاحة لحملة الاسهم العادية على عدد الاسهم العادية، وعائد السهم مفهوم خاص بالسهم العادي، وتقيس هذه النسبة ربحية كل سهم بمفرده وكثيراً ما تستخدم هذه النسبة لتحديد خليط رأس المال المستخدم في الشركة.

ويحسب عائد السهم الواحد (EPS) كما يلي[1]:

عائد السهم الواحد = صافي الربح بعد الضرائب / عدد الأسهم المكتتب بها

وهنا زيادة صافي الأرباح بعد الضرائب يزيد من عائد السهم الذي سيعود كل سهم وحصته من الأرباح وهذا يعكس مؤشراً جيداً في نجاح إدارة المنشأة في سير عمل المنشأة نحو تعظيم الأرباح وتقليل الخسائر وبالتالي جذب المستثمرين وارتفاع عائد السهم يدل على زيادة صافي الربح بعد الضرائب وهذا مؤشراً يعكس وضع الشركة ونجاح إدارتها في اتخاذ القرارات الصحيحة.

---

(1) محمد خان و هشام غرايبة، الإدارة المالية، مركز الكتب الأردني، 1995م.

3. العائد إلى حقوق المساهمين (Return on Equity):

وتعد هذه النسبة مقياساً شاملاً للربحية، لأنها تقيس العائد المالي المحقق على استثمارات المساهمين، ولهذا فإنها تعد مؤشراً على المدى الذي توصلت فيه الإدارة إلى استخدام هذه الاستثمارات بشكل مربح، كما ويعد قدرة المؤسسة على جذب الاستثمارات كون العائد على الاستثمار محدداً أساسياً لقرارات المستثمرين.

إن أهمية هذه النسبة في التحليل المالي تبرز من أن المستثمرين من رجال الأعمال لن يحملوا المخاطر إلا إذا اعتقدوا أن جهودهم ستعود عليهم بمكافأة كافية ومستمرة تأخذ شكل الربح.

إضافة إلى ذلك فإن أي منشأة لا يمكنها التوسع دون وجود ربح من العمليات، الذي يزيد من مساهمة حق الملكية، كما لن تتمكن المنشأة من جذب استثمارات جديدة دون وجود أرباح أو على أقل تقدير تحقيق الأرباح في المستقبل القريب.

وهو مقياس لفعالية التشغيل أو الكفاءة في التشغيل، وحملة الأسهم العادية يهتمون باستثماراتهم والتي تتأثر ليس فقط في التشغيل ولكن بقيمة المديونية والأسهم المختارة في تركيبة رأس المال المتعلق بالشركة(1).

ويعد العائد على حقوق المساهمين من أهم المؤشرات إذ أنه يبين مقدار العائد على ما تم استثماره من قبل المستثمرين(2)

---

(1) **Domanick and Luderback, Managerial Accounting.**

(2) **فهد الحويماني، المال والاستثمار في الأسواق المالية، ناشر فهد عبد الله الحويماني، الطبعة الأولى، 2002**

ويحسب العائد إلى حقوق المساهمين (ROE) كما يلي:

$$\text{معدل العائد إلى حقوق المساهمين} = \frac{\text{صافي الربح بعد الضرائب}}{\text{حقوق المساهمين}}$$

وتقيس هذه النسبة نجاح الإدارة في تعظيم عائد المستثمرين، ويحكم على مدى مناسبة هذه النسبة من خلال مقارنتها بأسعار الفوائد إلى الأوراق المالية الحكومية مضافاً إليها هامش ربح للتعريف على مقدار الاستثمار المرتبطة بنشاط معين[1].

4- العائد إلى المبيعات Return on Sales:

وتقيس هذه النسبة العلاقة بين صافي الربح والمبيعات كما تعكس كفاءة الإدارة في إستغلال موارد المنشأة في تحقيق الأرباح، فإذا كانت النسبة منخفضة، فإن ذلك يعني عدم مقدرة المنشأة على تحقيق الأرباح من ثم يقل العائد المتوقع على حملة الأسهم، كما أن انخفاض النسبة يعني ايضاً عدم مقدرة المنشأة على تحمل أية صعوبات مالية قد تمر بها. وإذا كانت النسبة مرتفعة فإن ذلك يعكس مقدرة المنشأة على مجابهة الصعوبات المتعلقة بنقص السيولة أو إنخفاض المبيعات في المستقبل.

وهي نسبة تقيس قدرة المؤسسة على ضبط عناصر المصروفات المختلفة المرتبطة بالمبيعات المتحققة، كما تقيس أيضاً مدى قدرة المؤسسة في توليد الأرباح من المبيعات، وتحافظ هذه النسبة في كثير من الحالات على معدل ثبات معقول في حالة استقرار البيع وتكاليف الأرباح، أما إذا تغيرت هذه المكونات بشكل ملوحظ

---

(1) مفلح عقل، مقدمة في الإدارة المالية والتحليل المالي، دار المستقبل، عمان،ص 220.

بين فترة وأخرى، فإن هذا قد يكون نتيجة انخفاض مستوى السلعة المنتجة أو رفعها، أو قد يكون نتيجة لتغير في سعر البيع أو مكونات الكلفة. [1].

يحدد العائد إلى المبيعات الذي يعطي ربحاً لكل دينار من المبيعات ويتم احتسابه كالآتي:

$$\text{العائد على المبيعات} = \frac{\text{صافي الربح السنوي بعد الضريبة}}{\text{المبيعات}}$$

5- العائد إلى إجمالي الأصول: Return on Total Assets:

تقيس هذه النسبة مقدار العائد الذي تحققه المنشأة الاقتصادية عند استخدامها مبلغاً معيناً من المال خلال فترة محددة، وهي بذلك تقيس القوة الإيرادية للأصول، والهدف من هذه النسبة معرفة ما إذا كانت المؤسسة قد استردت الأموال التي استخدمتها عند ممارستها النشاط خلال نفس الفترة، وتحتسب النسبة عن طريق مقارنة صافي العائد أو صافي العجز بالأصول الثابتة، مضافاً إليها الأصول المتداولة، ولذلك تعتبر هذه النسبة مؤشراً لقياس ربحية المؤسسة بشكل عام.

وتعتبر هذه النسبة من النسب الجيدة والقوية التي تستخدم لقياس ربحية العملية خاصة عند المقابلة بين شركات تختلف اختلافاً كبيرا في مقادير أصولها العادية، وذلك بحكم كونها معياراً نسبياً لقياس كفاءة الإدارة في استخدم موجودات المؤسسة الموضوعة بتصرفهما من مختلف المصادر.

وتحقق هذه النسبة الغايات التالية[2].

---

(1) **مفلح عقل، مقدمة في الإدارة المالية، البنك العربي، عمان، 1995، ص 222.**

(2) **مفح عقل، مقدمة في الادارة المالية،مرجع سابق، ص 225.**

أ- المساعدة في اتخاذ القرارات الخاصة بالاقتراض وذلك من خلال المقارنة بين معدل العائد وكلفة الاقتراض.

ب- تعكس هذه النسبة الكفاءة التشغيلية.

ج- تعتبر من أفضل مؤشرات الكفاءة التشغيلية ومن أفضل أدوات المقابلة بين أداء المؤسسات المختلفة، وذلك لأنها لا تعكس أثر الرفع المالي إذ أن بسط النسبة ومقامها لم يتأثر بكيفية تمويل المؤسسة لموجوداتها.

وتستخدم هذه النسبة لقياس صافي الأرباح إلى الموجودات، أي أنها تبين مقدرة إدارة المنشأة في تشغيل موجوداتها وتحقيق الأرباح. وإن نسبة العائد على الموجودات ذات فائدة كبيرة في تقييم استخدام الأموال بغض النظر عن مصادرها، حيث أنها تقيس ربحية جميع الموارد المالية المستثمرة في المنشأة.

إن نسبة الدخل الصافي لعائد الأصول تقيس العائد إلى الأصول (ROA) بعد الفائدة والضرائب:

$$\text{العائد على الأصول (ROA)} = \frac{\text{صافي الربح بعد الضريبة}}{\text{إجمالي الأصول}}$$

6- القيمة السوقية إلى القيمة الدفترية Market Value/ Book Value:

تكون التنبؤات حول قيم الأسهم السوقية عادة مبنية على الأحكام الشخصية للأفراد المتعاملين في السوق، كما أن هذه التنبؤات تختلف من شخص لآخر، وعليه فإن هذا الاختلاف يكون سيئاً في عدم ثبات سعر السوق بالنسبة للأسهم العادية، لذا تكون القيمة السوقية أعلى أو معادلة أو أقل من القيمة

الاسمية أو القيمة الدفترية، ويتوقف هذا على تقديرات حملة الأسهم والمتعاملين بالأوراق المالية لمدى ربحية الشركة في المستقبل، ولمقدار الأرباح المتوقع توزيعها، ومعدلات التضخم وأسعار الفوائد، حيث يتوقع أن ترتفع أسعار الأسهم مع انخفاض الفوائد على الودائع.

القيمة الدفترية: هي عبارة عن قيمة الشركة حسب سجلاتها المحاسبية، وهذه القيمة هي عبارة عن موجودات الشركة في وقت معين مطروحاً منها جميع الالتزامات المترتبة عليها في ذلك الوقت[1].

نسبة القيمة السوقية للسهم الواحد إلى قيمته الدفترية تعطي دليلاً آخر على كيفية نظر المستثمرين للشركة. هذا وإن الشركات ذات نسب عوائد عالية نسبياً للسهم الواحد تبيع معدلات متعددة أعلى من القيمة الدفترية وأكثر من تلك الشركات ذات العوائد المنخفضة.

$$\text{القيمة السوقية/ الدفترية} = \frac{\text{سعر السوق للسهم الواحد}}{\text{القيمة الدفترية للسهم الواحد}}$$

إن أسهم الشركات التي تكسب وتحرز نسباً عالية من عوائد أصولها لتستبدل ما يزيد عن قيمتها الدفترية. وأما بالنسبة للشركات الناجحة جداً فإن النسبة السوقية/ الدفترية قد تصل من عشرة إلى خمسة عشر ضعفاً.

---

(1) جميل توفيق، أساسيات في الإدارة المالية، بيروت، دار النهضة العربية، 1984.

الفصل الخامس

نتائج الدراسة واختبار الفرضيات

المقدمة

هدفت هذه الدراسة إلى تحليل العلاقة بين مدى تطبيق معايير المحاسبة الدولية والأداء المالي للشركات الصناعة المساهمة العامة المدرجة في بورصة عمان. ولتحقيق هذا الهدف قام الباحث ببناء استبانة تقيس هذا الهدف تم تطبيقه على عينة عشوائية مكونة من (48) موظف وتم إستخدام التحليل الإحصائي SPSS والجداول ذوات الأرقام رقم (1،2،3) توضح وصفاً لهذه العينة:

جدول رقم (5-1)

يبين التكرار والنسب المئوية حسب التخصص

	محاسبة	اقتصاد	إدارة	مالية ومصرفية	أخرى	المجموع
التكرار	22	4	9	13	-	48
النسبة المئوية	%45.8	%2	18.75	27	-	100

المصدر : إعداد الباحث من واقع الدراسة الميدانية – 2005 م .

توضح نتائج الجدول رقم (5-1) السابق أن 45.8% من العينة تخصصهم محاسبة في حين كانت تخصص مالية ومصرفية هم في المرتبة الثانية بنسبة مئوية (27%) في حين احتلت تخصص الاقتصاد ادنى مستوى بنسبة مئوية (2%)

جدول رقم (5-2)

يبين التكرار والنسب للوظيفة

	محاسب	تنفيذي	غير ذلك	المجموع
التكرار	6	10	32	48
النسبة المئوية	%12.5	20.3	66.6	100

المصدر : إعداد الباحث من واقع الدراسة الميدانية - 2005 م .

توضح نتائج الجدول رقم (5-2) السابق أن اعلى نسبة من الموظفين غير الإداري وغير تنفيذي حيث بلغت نسبتهم 66.6% بينما جاء في المرتبة الثانية التنفيذيين حيث بلغ نسبتهم 20.3% وكانت نسبة الاداريين 12.5%.

جدول رقم (5-3)

يبين التكرار والنسب المستوى التعليمي

	كلية مجتمع	بكالوريوس	دراسات عليا	المجموع
التكرار	7	36	5	48
النسبة المئوية	14.6	65	10.4	100

المصدر : إعداد الباحث من واقع الدراسة الميدانية - 2005 م .

توضح نتائج الجدول رقم (5-3) السابق أن 65% من العينة هم من حملة شهادة البكالوريوس في حين 14.6% منهم حملة شهادة كلية مجتمع، في حين 10.4% منهم حملة شهادة دراسات عليا.

1-5 صدق وثبات الدراسة

وقد تم بناء المقياس بصورة مبدئية وعرضت فقراته على عشر محكمين من ذوي الاختصاص، وأرفق المقياس عند عرضه على المحكمين نموذج يطلب منهم، أن يعطوا حكماً على مدى صدق المقياس ككل، وحكماً على كل فقرة من حيث قياسها للمجال الذي وضعت لقياسه، وحكماً بالصياغة اللغوية لكل فقرة، واقتراح التعديلات التي يرونها مناسبة، وحذف الفقرات التي اجمع المحكمين على حذفها.

حيث يتكون هذا المقياس من 27 فقرة لكل فقرة خمسة بدائل .

2-5 ثبات المقياس:

قام الباحث باستخدام اختبار Alfa Cronpagh للتأكد من ثبات المقياس ومن درجة ارتباط كل فقرة من فقرات المقياس بالبعد الذي تقيسه، حيث تبين أن قيم معامل ثبات المقياس وفي كل بعد من أبعاده كانت على النحو التالي:

البعد	قيمة ألفا كرونباخ
المجال الأول	0.83
المجال الثاني	0.89
المجال الثالث	0.79
المجال الرابع	0.91
المجال الخامس	0.84
المقياس بشكل كلي	0.84

يتضح من الجدول السابق أن قيم معامل ثبات المقياس قد تراوحت ما بين (0.79) و (0.91) ، كما بلغت قيمة معامل ثبات المقياس بشكل كلي (0.84)، وجميع هذه القيم كانت ذات دلالة إحصائية عند مستوى الثقة (0.05)، مما يشير إلى صلاحية المقياس العلمية للتطبيق على عينة الدراسة.

5- 3 نتائج الدراسة

يتضمن هذا الفصل عرضاً للنتائج التي توصلت إليها الدراسة الحالية وذلك بعد القيام بعملية جمع وتحليل استجابات أفراد عينة الدراسة من الشركات الصناعية المساهمة العامة المدرجة في بورصة عمان، على المقياس المستخدم في الدراسة وذلك فيما يتعلق بكل فرضية من فرضيات الدراسة على حدا وبما يحقق أهداف الدراسة.

- نتائج الفرضية الأولى:

لا توجد علاقة ذات دلالة إحصائية بين مدى تطبيق معايير المحاسبة الدولية وكفاءة الأداء المالي للشركات الصناعية المدرجة في بورصة عمان مقاسة بالقيمة السوقية للسهم.

لفحص الفرضية السابقة فقد تم استخدام اختبار (ت) للمجموعة الواحدة One Sample T-test على متغير العلاقة ما بين مدى تطبيق معايير المحاسبة الدولية وكفاءة الأداء المالي للشركات الصناعية المدرجة في بورصة عمان مقاسة بالقيمة السوقية للسهم، حيث يشير الجدول رقم (5-4) إلى المتوسط الحسابي والانحراف المعياري ونتائج اختبار (ت) للمجموعة الواحدة على متغير العلاقة ما بين مدى تطبيق معايير المحاسبة الدولية وكفاءة الأداء المالي للشركات الصناعية المدرجة في بورصة عمان مقاسة بالقيمة السوقية للسهم.

جدول رقم (5-4)

المتوسط الحسابي والانحراف المعياري ونتائج اختبار (ت) للمجموعة الواحدة على متغير العلاقة ما بين مدى تطبيق معايير المحاسبة الدولية وكفاءة الأداء المالي للشركات الصناعية المدرجة في بورصة عمان مقاسة بالقيمة السوقية للسهم

الرقم	الفقرة	قيمة الاختبار = 3 درجات			
		المتوسط الحسابي	الانحراف المعياري	متوسط الفرق	قيمة ت
1	ساعد تطبيق معايير المحاسبة الدولية على تجنب أن تكون قيمة الأسهم السوقية مبنية على الأحكام الشخصية للأفراد المتعاملين في السوق.	3.46	1.41	0.46	*2.29
2	من خلال تطبيق معايير المحاسبة الدولية فإن القيمة السوقية للسهم يكون مؤشراً إيجابياً لنجاح الشركة وسيرها بالاتجاه الصحيح وتحقيق أكبر قدر من الأرباح واتجاه المستثمرين لأسهم تلك الشركات لثقتهم بأسهم تلك الشركات من خلال أدائها المالي.	3.58	1.34	0.58	*3.05
3	أصبحت عملية تقدير القيمة السوقية للسهم بناءً على	3.82	1.28	0.82	*4.49

	تقديرات حملة الأسهم والمتعاملين بالأوراق المالية لدى ربحية الشركة في المستقبل، أصبحت أكثر فاعلية بعد تطبيق معايير المحاسبة الدولية.				
4	أصبح الوضع المالي للشركة مراقب ومحدد بشكل أكثر فاعلية بعد تطبيق معايير المحاسبة الدولية وعليه فتتغير القيمة السوقية للسهم تبعاً للوضع المالي للمنشأة والظروف الاقتصادية عامة.	3.48	1.35	0.48	*2.49*
5	أصبح بإمكان حملة الأسهم والمتعاملين بالأوراق المالية تقدير ربحية الشركة في المستقبل، ومقدار الأرباح المتوقع توزيعها والحالة الاقتصادية العامة، ومعدلات التضخم وأسعار الفوائد، من خلال تطبيق معايير المحاسبة الدولية في الشركة المعنية.	3.42	1.38	0.42	*2.14*
المجموع الكلي		3.55	0.59	0.55	*6.54

المصدر : إعداد الباحث من واقع الدراسة الميدانية – 2005 م .

* دالة عند مستوى الدلالة ($\alpha \le 0.05$).

يتضح من الجدول رقم (5-4) أن الفقرة ذات الرقم (3) والتي تنص على (أصبحت عملية تقدير القيمة السوقية للسهم بناءً على تقديرات حملة الأسهم والمتعاملين بالأوراق المالية لدى ربحية الشركة في المستقبل، أصبحت أكثر فاعلية بعد تطبيق معايير المحاسبة الدولية) قد حصلت على المرتبة الأولى من بين جميع الفقرات في المجال، بمتوسط حسابي لدرجة الموافقة (3.82) وانحراف معياري (1.28)، كما بلغ متوسط الفرق ما بين المتوسط الحسابي لدرجة موافقة أفراد عينة الدراسة من الشركات الصناعية المدرجة في بورصة عمان على محتوى الفقرة وقيمة الاختبار المعتمدة لقبول أو نفي الفقرة أو الفرضية (0.82)، لصالح درجة موافقة أفراد عينة الدراسة، وبلغت قيمة (ت) عند هذا المستوى من الفرق (4.49) وهي قيمة ذات دلالة إحصائية عند مستوى الدلالة ($\alpha \leq 0.05$)، مما يشير بوضوح إلى أن عملية تقدير القيمة السوقية للسهم بناءً على تقديرات حملة الأسهم والمتعاملين بالأوراق المالية لدى ربحية الشركة في المستقبل أصبحت أكثر فاعلية بعد تطبيق معايير المحاسبة الدولية.

كما يتضح أن الفقرة ذات الرقم (4) والتي تنص على (أصبح بإمكان حملة الأسهم والمتعاملين بالأوراق المالية تقدير ربحية الشركة في المستقبل ومقدار الأرباح المتوقع توزيعها والحالة الاقتصادية العامة، ومعدلات التضخم وأسعار الفوائد من خلال تطبيق معايير المحاسبة الدولية في الشركة المعنية) قد حصلت على المرتبة الأخيرة من بين جميع الفقرات في المجال، بمتوسط حسابي لدرجة الموافقة (3.42) وانحراف معياري (1.38)، كما بلغ متوسط الفرق ما بين المتوسط الحسابي لدرجة موافقة أفراد عينة الدراسة من الشركات الصناعية المدرجة في بورصة عمان على محتوى الفقرة وقيمة الاختبار المعتمدة لقبول أو نفي الفقرة أو الفرضية (0.42)، لصالح درجة موافقة أفراد عينة الدراسة، وبلغت قيمة (ت) عند هذا المستوى من الفرق (2.49) وهي قيمة ذات دلالة إحصائية عند مستوى الدلالة ($\alpha \leq 0.05$)،

مما يشير بوضوح إلى أنه أصبح بإمكان حملة الأسهم والمتعاملين بالأوراق المالية تقدير ربحية الشركة في المستقبل ومقدار الأرباح المتوقع توزيعها والحالة الاقتصادية العامة، ومعدلات التضخم وأسعار الفوائد، من خلال تطبيق معايير المحاسبة الدولية في الشركة المعنية.

وأخيراً فيتضح من الجدول رقم (5-4) فقد بلغ المتوسط الحسابي لدرجة موافقة أفراد عينة الدراسة على متغير العلاقة ما بين مدى تطبيق معايير المحاسبة الدولية وكفاءة الأداء المالي للشركات الصناعية المدرجة في بورصة عمان مقاسة بالقيمة السوقية للسهم (3.55) وانحراف معياري (0.59)، كما بلغ متوسط الفرق ما بين المتوسط الحسابي لدرجة موافقة أفراد عينة الدراسة من الشركات الصناعية المدرجة في بورصة عمان على متغير العلاقة ما بين مدى تطبيق معايير المحاسبة الدولية وكفاءة الأداء المالي للشركات الصناعية المدرجة في بورصة عمان مقاسة بالقيمة السوقية للسهم وقيمة الاختبار المعتمدة لقبول أو نفي الفرضية (0.55)، لصالح درجة موافقة أفراد عينة الدراسة، وبلغت قيمة (ت) عند هذا المستوى من الفرق (6.54) وهي قيمة ذات دلالة إحصائية عند مستوى الدلالة ($\alpha \geq 0.05$). مما يعني رفض الفرضية الصفرية السابقة وقبول الفرضية البديلة التي تنص على: توجد علاقة ذات دلالة إحصائية بين مدى تطبيق معايير المحاسبة الدولية وكفاءة الأداء المالي للشركات الصناعية المدرجة في بورصة عمان مقاسة بالقيمة السوقية للسهم.

- **نتائج الفرضية الثانية:**

لا توجد علاقة ذات دلالة إحصائية بين مدى تطبيق معايير المحاسبة الدولية وكفاءة الأداء المالي للشركات الصناعية المدرجة في بورصة عمان مقاسة بعائد السهم الواحد.

يشير الجدول رقم (5-5) إلى المتوسط الحسابي والانحراف المعياري ونتائج اختبار (ت) للمجموعة الواحدة على متغير العلاقة ما بين مدى تطبيق معايير المحاسبة الدولية وكفاءة الأداء المالي للشركات الصناعية المدرجة في بورصة عمان مقاسة بعائد السهم الواحد.

جدول رقم (5-5)

المتوسط الحسابي والانحراف المعياري ونتائج اختبار (ت) للمجموعة الواحدة على متغير العلاقة

ما بين مدى تطبيق معايير المحاسبة الدولية وكفاءة الأداء المالي للشركات الصناعية المدرجة في

بورصة عمان مقاسة بعائد السهم الواحد

الرقم	الفقرة	قيمة الاختبار = 3 درجات			
		المتوسط الحسابي	الانحراف المعياري	متوسط الفرق	قيمة ت
1	من خلال تطبيق معايير المحاسبة الدولية فإن قياس كمية الأرباح التي تحصل على كل سهم من أسهم الشركة في نهاية الفترة المالية أصبح أكثر دقة وفاعلية.	3.26	1.44	0.26	**1.27**
2	من خلال تطبيق معايير المحاسبة الدولية فقد تم اعتبار عائد السهم	3.16	1.46	0.16	0.77

الرقم	الفقرة	قيمة الاختبار = 3 درجات			
		المتوسط الحسابي	الانحراف المعياري	متوسط الفرق	قيمة ت
	الواحد أكثر مؤشرات الأداء استعمالاً لقياس كفاءة الأداء المالي للشركات.				
3	بعد تطبيق معايير المحاسبة الدولية أصبح عائد السهم الواحد يلعب دوراً هاماً في التحليل الاستثماري، وضرورياً للتنبؤ بالأرباح المتوقع توزيعها ومعدلات النمو المتوقع تحقيقها.	3.38	1.36	0.38	1.96
4	مكن تطبيق معايير المحاسبة الدولية الإدارة من وضع السياسات الخاصة بالأرباح من خلال تحديد العائد على السهم.	3.48	1.40	0.48	*2.41
5	بعد تطبيق معايير المحاسبة الدولية فقد تم تلافي غموض مؤشر عائد السهم الواحد كمقياس للأداء بسبب ظاهرة الاحتفاظ بجزء من الأرباح.	3.76	1.17	0.76	*4.59
6	أصبح بالإمكان الحكم على مدى نجاح إدارة المنشأة في سير	3.50	1.21	0.50	*2.90

الرقم	الفقرة	قيمة الاختبار = 3 درجات			
		المتوسط الحسابي	الانحراف المعياري	متوسط الفرق	قيمة ت
	عمل المنشأة نحو تعظيم الأرباح وتقليل الخسائر بعد تطبيق معايير المحاسبة الدولية.				
7	من خلال تطبيق معايير المحاسبة الدولية فقد أصبح هناك جذب للمستثمرين مما ينعكس على ارتفاع عائد السهم الذي يدل على زيادة صافي الربح بعد الضرائب وهذا مؤشراً يعكس وضع الشركة ونجاح إدارتها في اتخاذ القرارات الصحيحة.	3.96	1.22	0.96	*5.52
المجموع الكلي		3.50	0.47	0.50	*7.42

المصدر : إعداد الباحث من واقع الدراسة الميدانية – 2005 م .

* دالة عند مستوى الدلالة ($\alpha \leq 0.05$).

يتضح من الجدول رقم (5-5) أن الفقرة ذات الرقم (7) والتي تنص على (من خلال تطبيق معايير المحاسبة الدولية فقد أصبح هناك جذب للمستثمرين مما ينعكس على ارتفاع عائد السهم الذي يدل على زيادة صافي الربح بعد الضرائب وهذا مؤشراً يعكس وضع الشركة ونجاح إدارتها في اتخاذ القرارات الصحيحة) قد حصلت على المرتبة الأولى من بين جميع الفقرات في المجال، بمتوسط حسابي لدرجة الموافقة (3.96) وانحراف معياري (1.2)، كما بلغ متوسط الفرق ما بين المتوسط الحسابي لدرجة

موافقة أفراد عينة الدراسة من الشركات الصناعية المدرجة في بورصة عمان على محتوى الفقرة وقيمة الاختبار المعتمدة لقبول أو نفي الفقرة أو الفرضية (0.96)، لصالح درجة موافقة أفراد عينة الدراسة، وبلغت قيمة (ت) عند هذا المستوى من الفرق (5.52) وهي قيمة ذات دلالة إحصائية عند مستوى الدلالة ($\alpha \leq 0.05$)، مما يشير بوضوح إلى أنه من خلال تطبيق معايير المحاسبة الدولية فقد أصبح هناك جذب للمستثمرين مما ينعكس على ارتفاع عائد السهم الذي يدل على زيادة صافي الربح بعد الضرائب وهذا مؤشراً يعكس وضع الشركة ونجاح إدارتها في اتخاذ القرارات الصحيحة.

كما يتضح أن الفقرة ذات الرقم (2) والتي تنص على (من خلال تطبيق معايير المحاسبة الدولية فقد تم اعتبار عائد السهم الواحد أكثر مؤشرات الأداء استعمالاً لقياس كفاءة الأداء المالي للشركات) قد حصلت على المرتبة الأخيرة من بين جميع الفقرات في المجال، بمتوسط حسابي لدرجة الموافقة (3.16) وانحراف معياري (1.46)، كما بلغ متوسط الفرق ما بين المتوسط الحسابي لدرجة موافقة أفراد عينة الدراسة من الشركات الصناعية المدرجة في بورصة عمان على محتوى الفقرة وقيمة الاختبار المعتمدة لقبول أو نفي الفقرة أو الفرضية (0.16)، لصالح درجة موافقة أفراد عينة الدراسة، وبلغت قيمة (ت) عند هذا المستوى من الفرق (0.7) وهي قيمة غير دالة إحصائياً عند مستوى الدلالة ($\alpha \leq 0.05$).

وأخيراً فيتضح من الجدول رقم (5-5) فقد بلغ المتوسط الحسابي لدرجة موافقة أفراد عينة الدراسة على متغير العلاقة ما بين مدى تطبيق معايير المحاسبة الدولية وكفاءة الأداء المالي للشركات الصناعية المدرجة في بورصة عمان مقاسة بعائد السهم الواحد (3.50) وانحراف معياري (0.47)، كما بلغ متوسط الفرق ما بين المتوسط الحسابي لدرجة موافقة أفراد عينة الدراسة من الشركات الصناعية

المدرجة في بورصة عمان على متغير العلاقة ما بين مدى تطبيق معايير المحاسبة الدولية وكفاءة الأداء المالي للشركات الصناعية المدرجة في بورصة عمان مقاسة بعائد السعم الواحد وقيمة الاختبار المعتمدة لقبول أو نفي الفرضية (0.50)، لصالح درجة موافقة أفراد عينة الدراسة، وبلغت قيمة (ت) عند هذا المستوى من الفرق (7.42) وهي قيمة ذات دلالة إحصائية عند مستوى الدلالة (α ≤ 0.05). مما يعني رفض الفرضية الصفرية السابقة وقبول الفرضية البديلة التي تنص على: توجد علاقة ذات دلالة إحصائية بين مدى تطبيق معايير المحاسبة الدولية وكفاءة الأداء المالي للشركات الصناعية المدرجة في بورصة عمان مقاسة بعائد السهم الواحد.

- نتائج الفرضية الثالثة:

لا توجد علاقة ذات دلالة إحصائية بين مدى تطبيق معايير المحاسبة الدولية وكفاءة الأداء المالي للشركات الصناعية المدرجة في بورصة عمان مقاسة بالعائد إلى حقوق المساهمين.

يشير الجدول رقم (5-6) إلى المتوسط الحسابي والانحراف المعياري ونتائج اختبار (ت) للمجموعة الواحدة على متغير العلاقة ما بين مدى تطبيق معايير المحاسبة الدولية وكفاءة الأداء المالي للشركات الصناعية المدرجة في بورصة عمان مقاسة بالعائد إلى حقوق المساهمين.

جدول رقم (5-6)

المتوسط الحسابي والانحراف المعياري ونتائج اختبار (ت) للمجموعة الواحدة على متغير العلاقة ما بين مدى تطبيق معايير المحاسبة الدولية وكفاءة الأداء المالي للشركات الصناعية المدرجة في بورصة عمان مقاسة بالعائد إلى حقوق المساهمين

الرقم	الفقرة	قيمة الاختبار = 3 درجات			
		المتوسط الحسابي	الانحراف المعياري	متوسط الفرق	قيمة ت
1	من خلال تطبيق معايير المحاسبة الدولية فإن العائد إلى حقوق المساهمين أصبح مؤشراً على المدى الذي توصلت فيه الإدارة إلى استخدام هذه الاستثمارات بشكل مربح.	3.70	1.26	0.70	*3.91
2	من خلال تطبيق معايير المحاسبة الدولية فإن العائد إلى حقوق المساهمين أصبح يعكس قدرة المؤسسة على جذب الاستثمارات كون العائد على الاستثمار محدداً أساسياً لقرارات المستثمرين	3.52	1.28	0.52	*2.86
3	من خلال تطبيق معايير المحاسبة الدولية فإن المستثمرين من رجال الأعمال لن يحملوا المخاطر إلا إذا اعتقدوا أن جهودهم ستعود عليهم بمكافأة كافية ومستمرة تأخذ شكل الربح.	3.56	1.26	0.56	*3.13

الرقم	الفقرة	قيمة الاختبار = 3 درجات			
		المتوسط الحسابي	الانحراف المعياري	متوسط الفرق	قيمة ت
4	أصبح حملة الأسهم العادية يهتمون باستثماراتهم، والتي تتأثر ليس فقط في التشغيل ولكن بقيمة المديونية والأسهم المختارة في تركيبة رأس المال المتعلق بالشركة وهو مقياس لفعالية التشغيل أو الكفاءة في التشغيل من خلال تطبيق معايير المحاسبة الدولية.	3.64	1.17	0.64	*3.85
5	أصبح العائد على حقوق المساهمين من أهم المؤشرات إذ أنه يبين مقدار العائد على ما تم استثماره من قبل المستثمرين بعد تطبيق معايير المحاسبة الدولية.	3.24	1.40	0.24	1.20
6	من خلال تطبيق معايير المحاسبة الدولية فإن الحكم على مدى مناسبة هذه النسبة من خلال مقارنتها بأسعار الفوائد إلى الأوراق المالية الحكومية مضافاً إليها هامش ربح للتعريف على مقدار الاستثمار المرتبطة بنشاط معين أكثر فاعلية.	3.88	1.36	0.88	*4.55
المجموع الكلي		3.59	0.51	0.59	*8.16

المصدر : إعداد الباحث من واقع الدراسة الميدانية – 2005 م .

* دالة عند مستوى الدلالة ($\alpha \leq 0.05$).

يتضح من الجدول رقم (5-6) أن الفقرة ذات الرقم (6) والتي تنص على (من خلال تطبيق معايير المحاسبة الدولية فإن الحكم على مدى مناسبة هذه النسبة من خلال مقارنتها بأسعار الفوائد إلى الأوراق المالية الحكومية مضافاً إليها هامش ربح للتعريف على مقدار الاستثمار المرتبطة بنشاط معين أكثر فاعلية) قد حصلت على المرتبة الأولى من بين جميع الفقرات في المجال، بمتوسط حسابي لدرجة الموافقة (3.88) وانحراف معياري (1.36)، كما بلغ متوسط الفرق ما بين المتوسط الحسابي لدرجة موافقة أفراد عينة الدراسة من الشركات الصناعية المدرجة في بورصة عمان على محتوى الفقرة وقيمة الاختبار المعتمدة لقبول أو نفي الفقرة أو الفرضية (0.88)، لصالح درجة موافقة أفراد عينة الدراسة، وبلغت قيمة (ت) عند هذا المستوى من الفرق (4.55) وهي قيمة ذات دلالة إحصائية عند مستوى الدلالة ($\alpha \geq 0.05$)، مما يشير بوضوح إلى أنه من خلال تطبيق معايير المحاسبة الدولية فإن الحكم على مدى مناسبة هذه النسبة من خلال مقارنتها بأسعار الفوائد إلى الأوراق المالية الحكومية مضافاً إليها هامش ربح للتعريف على مقدار الاستثمار المرتبطة بنشاط معين أكثر فاعلية .

كما يتضح أن الفقرة ذات الرقم (5) والتي تنص على (أصبح العائد على حقوق المساهمين من أهم المؤشرات إذ أنه يبين مقدار العائد على ما تم استثماره من قبل المستثمرين بعد تطبيق معايير المحاسبة الدولية) قد حصلت على المرتبة الأخيرة من بين جميع الفقرات في المجال، بمتوسط حسابي لدرجة الموافقة (3.24) وانحراف معياري (1.40)، كما بلغ متوسط الفرق ما بين المتوسط الحسابي لدرجة موافقة أفراد عينة الدراسة من الشركات الصناعية المدرجة في بورصة عمان على محتوى الفقرة وقيمة الاختبار المعتمدة لقبول أو نفي الفقرة أو الفرضية (0.24)، لصالح درجة موافقة أفراد عينة الدراسة، وبلغت قيمة (ت) عند هذا المستوى من الفرق (1.20) وهي قيمة غير دالة إحصائياً عند مستوى الدلالة ($\alpha \geq 0.05$).

وأخيراً فيتضح من الجدول رقم (5-6) فقد بلغ المتوسط الحسابي لدرجة موافقة أفراد عينة الدراسة على متغير العلاقة ما بين مدى تطبيق معايير المحاسبة الدولية وكفاءة الأداء المالي للشركات الصناعية المدرجة في بورصة عمان مقاسة بالعائد إلى حقوق المساهمين (3.59) وانحراف معياري (0.51)، كما بلغ متوسط الفرق ما بين المتوسط الحسابي لدرجة موافقة أفراد عينة الدراسة من الشركات الصناعية المدرجة في بورصة عمان على متغير العلاقة ما بين مدى تطبيق معايير المحاسبة الدولية وكفاءة الأداء المالي للشركات الصناعية المدرجة في بورصة عمان مقاسة بالعائد على حقوق المساهمين وقيمة الاختبار المعتمدة لقبول أو نفي الفرضية (0.59)، لصالح درجة موافقة أفراد عينة الدراسة، وبلغت قيمة (ت) عند هذا المستوى من الفرق (8.16) وهي قيمة ذات دلالة إحصائية عند مستوى الدلالة ($\alpha \leq 0.05$). مما يعني رفض الفرضية الصفرية السابقة وقبول الفرضية البديلة التي تنص على: توجد علاقة ذات دلالة إحصائية بين مدى تطبيق معايير المحاسبة الدولية وكفاءة الأداء المالي للشركات الصناعية المدرجة في بورصة عمان مقاسة بالعائد إلى حقوق المساهمين.

- **نتائج الفرضية الرابعة:**

لا توجد علاقة ذات دلالة إحصائية بين مدى تطبيق معايير المحاسبة الدولية وكفاءة الأداء المالي للشركات الصناعية المدرجة في بورصة عمان مقاسة بالعائد إلى المبيعات.

يشير الجدول رقم (5-7) إلى المتوسط الحسابي والانحراف المعياري ونتائج اختبار (ت) للمجموعة الواحدة على متغير العلاقة ما بين مدى تطبيق معايير المحاسبة الدولية وكفاءة الأداء المالي للشركات الصناعية المدرجة في بورصة عمان مقاسة بالعائد إلى المبيعات.

جدول رقم (5-7)

المتوسط الحسابي والانحراف المعياري ونتائج اختبار (ت) للمجموعة الواحدة على متغير العلاقة ما بين مدى تطبيق معايير المحاسبة الدولية وكفاءة الأداء المالي للشركات الصناعية المدرجة في بورصة عمان مقاسة بالعائد إلى المبيعات

الرقم	الفقرة	قيمة الاختبار = 3 درجات			
		المتوسط الحسابي	الانحراف المعياري	متوسط الفرق	قيمة ت
1	من خلال تطبيق معايير المحاسبة الدولية فإن نسبة العائد إلى المبيعات والتي تقيس العلاقة بين صافي الربح والمبيعات أصبحت تعكس كفاءة الإدارة في إستغلال موارد المنشأة في تحقيق الأرباح.	3.94	**1.13**	0.94	*5.87
2	بعد تطبيق معايير المحاسبة الدولية فقد زادت مقدرة المنشأة على مجابهة الصعوبات المتعلقة بنقص السيولة أو إنخفاض المبيعات في المستقبل.	3.66	1.18	0.66	*3.92
3	بعد تطبيق معايير المحاسبة الدولية زادت قدرة المؤسسة على ضبط عناصر المصروفات المختلفة المرتبطة بالمبيعات المتحققة.	3.48	1.28	0.48	*2.64

الرقم	الفقرة	قيمة الاختبار = 3 درجات			
		المتوسط الحسابي	الانحراف المعياري	متوسط الفرق	قيمة ت
4	زادت قدرة المؤسسة على توليد الأرباح من المبيعات بعد تطبيق معايير المحاسبة الدولية.	3.22	1.48	0.22	1.04
المجموع الكلي		3.57	0.54	0.57	*7.49

المصدر : إعداد الباحث من واقع الدراسة الميدانية – 2005 م .

- دالة عند مستوى الدلالة ($\alpha \leq 0.05$).

يتضح من الجدول رقم (5-7) أن الفقرة ذات الرقم (1) والتي تنص على (من خلال تطبيق معايير المحاسبة الدولية فإن نسبة العائد إلى المبيعات والتي تقيس العلاقة بين صافي الربح والمبيعات أصبحت تعكس كفاءة الإدارة في إستغلال موارد المنشأة في تحقيق الأرباح) قد حصلت على المرتبة الأولى من بين جميع الفقرات في المجال، بمتوسط حسابي لدرجة الموافقة (3.94) وانحراف معياري (1.13)، كما بلغ متوسط الفرق ما بين المتوسط الحسابي لدرجة موافقة أفراد عينة الدراسة من الشركات الصناعية المدرجة في بورصة عمان على محتوى الفقرة وقيمة الاختبار المعتمدة لقبول أو نفي الفقرة أو الفرضية (0.94)، لصالح درجة موافقة أفراد عينة الدراسة، وبلغت قيمة (ت) عند هذا المستوى من الفرق (5.87) وهي قيمة ذات دلالة إحصائية عند مستوى الدلالة ($\alpha \leq 0.05$)، مما يشير بوضوح إلى أنه من خلال تطبيق معايير المحاسبة الدولية فإن نسبة العائد إلى المبيعات والتي تقيس العلاقة بين صافي الربح والمبيعات أصبحت تعكس كفاءة الإدارة في إستغلال موارد المنشأة في تحقيق الأرباح.

كما يتضح أن الفقرة ذات الرقم (4) والتي تنص على (زادت قدرة المؤسسة على توليد الأرباح من المبيعات بعد تطبيق معايير المحاسبة الدولية) قد حصلت على المرتبة الأخيرة من بين جميع الفقرات في المجال، بمتوسط حسابي لدرجة الموافقة (3.22) وانحراف معياري (1.48)، كما بلغ متوسط الفرق ما بين المتوسط الحسابي لدرجة موافقة أفراد عينة الدراسة من الشركات الصناعية المدرجة في بورصة عمان على محتوى الفقرة وقيمة الاختبار المعتمدة لقبول أو نفي الفقرة أو الفرضية (0.22)، لصالح درجة موافقة أفراد عينة الدراسة، وبلغت قيمة (ت) عند هذا المستوى من الفرق (1.04) وهي قيمة غير دالة إحصائياً عند مستوى الدلالة ($\alpha \leq 0.05$).

وأخيراً فيتضح من الجدول رقم (5-7) فقد بلغ المتوسط الحسابي لدرجة موافقة أفراد عينة الدراسة على متغير العلاقة ما بين مدى تطبيق معايير المحاسبة الدولية وكفاءة الأداء المالي للشركات الصناعية المدرجة في بورصة عمان مقاسة بالعائد إلى المبيعات (3.57) وانحراف معياري (0.54)، كما بلغ متوسط الفرق ما بين المتوسط الحسابي لدرجة موافقة أفراد عينة الدراسة من الشركات الصناعية المدرجة في بورصة عمان على متغير العلاقة ما بين مدى تطبيق معايير المحاسبة الدولية وكفاءة الأداء المالي للشركات الصناعية المدرجة في بورصة عمان مقاسة بالعائد إلى المبيعات وقيمة الاختبار المعتمدة لقبول أو نفي الفرضية (0.57)، لصالح درجة موافقة أفراد عينة الدراسة، وبلغت قيمة (ت) عند هذا المستوى من الفرق (7.49) وهي قيمة ذات دلالة إحصائية عند مستوى الدلالة ($\alpha \leq 0.05$). مما يعني رفض الفرضية الصفرية السابقة وقبول الفرضية البديلة التي تنص على: توجد علاقة ذات دلالة إحصائية بين مدى تطبيق معايير المحاسبة الدولية وكفاءة الأداء المالي للشركات الصناعية المدرجة في بورصة عمان مقاسة بالعائد إلى المبيعات.

- نتائج الفرضية الخامسة:

لا توجد علاقة ذات دلالة إحصائية بين مدى تطبيق معايير المحاسبة الدولية وكفاءة الأداء المالي للشركات الصناعية المدرجة في بورصة عمان مقاسة بالعائد إلى الأصول

يشير الجدول رقم (5-8) إلى المتوسط الحسابي والانحراف المعياري ونتائج اختبار (ت) للمجموعة الواحدة على متغير العلاقة ما بين مدى تطبيق معايير المحاسبة الدولية وكفاءة الأداء المالي للشركات الصناعية المدرجة في بورصة عمان مقاسة بالعائد إلى الأصول.

جدول رقم (5-8)

المتوسط الحسابي والانحراف المعياري ونتائج اختبار (ت) للمجموعة الواحدة على متغير العلاقة ما بين مدى تطبيق معايير المحاسبة الدولية وكفاءة الأداء المالي للشركات الصناعية المدرجة في بورصة عمان مقاسة بالعائد إلى الأصول

الرقم	الفقرة	قيمة الاختبار = 3 درجات			
		المتوسط الحسابي	الانحراف المعياري	متوسط الفرق	قيمة ت
1	زادت فاعلية قياس مقدار العائد الذي تحققه المنشأة الاقتصادية عند استخدامها مبلغاً معيناً من المال خلال فترة محددة، وهي بذلك تقيس القوة الإيرادية للأصول، من خلال تطبيق معايير المحاسبة الدولية.	3.16	1.44	0.16	**0.78**
2	أصبح بالإمكان معرفة ما إذا كانت المؤسسة قد استردت الأموال التي استخدمتها عند ممارستها النشاط خلال نفس الفترة، بعد تطبيق معايير المحاسبة الدولية.	3.10	1.46	0.10	0.48

الرقم	الفقرة	قيمة الاختبار = 3 درجات			
		المتوسط الحسابي	الانحراف المعياري	متوسط الفرق	قيمة ت
3	تم اعتبار نسبة العائد إلى الأصول من النسب الفاعلة التي تستخدم لقياس ربحية العملية خاصة عند المقابلة بين شركات تختلف اختلافاً كبيرا في مقادير أصولها العادية.	3.74	1.25	0.74	*4.15
4	ساعد تطبيق معايير المحاسبة الدولية في اتخاذ القرارات الخاصة بالاقتراض وذلك من خلال المقارنة بين معدل العائد وكلفة الاقتراض.	3.72	1.17	0.72	*4.31
5	بعد تطبيق معايير المحاسبة الدولية فقد أصبحت نسبة العائد إلى الأصول تعكس الكفاءة التشغيلية للشركة.	3.68	1.15	0.68	*4.17
المجموع الكلي		3.49	0.50	0.49	*6.97

المصدر : إعداد الباحث من واقع الدراسة الميدانية – 2005 م .

* دالة عند مستوى الدلالة ($\alpha \geq 0.05$).

يتضح من الجدول رقم (5-8) أن الفقرة ذات الرقم (3) والتي تنص على (تم اعتبار نسبة العائد إلى الأصول من النسب الفاعلة التي تستخدم لقياس ربحية العملية خاصة عند المقابلة بين شركات تختلف اختلافاً كبيرا في مقادير أصولها العادية) قد حصلت على المرتبة الأولى من بين جميع الفقرات في المجال، بمتوسط حسابي لدرجة الموافقة (3.74) وانحراف معياري (1.25)، كما بلغ متوسط الفرق ما بين المتوسط الحسابي لدرجة موافقة أفراد عينة الدراسة من الشركات الصناعية المدرجة في بورصة عمان على محتوى الفقرة وقيمة الاختبار المعتمدة لقبول أو نفي الفقرة أو الفرضية (0.74)، لصالح درجة موافقة أفراد عينة الدراسة، وبلغت قيمة (ت) عند هذا المستوى من الفرق (4.15) وهي قيمة ذات دلالة إحصائية عند مستوى الدلالة ($\alpha \leq 0.05$)، مما يشير بوضوح إلى أنه من خلال تطبيق معايير المحاسبة الدولية فإنه تم اعتبار نسبة العائد إلى الأصول من النسب الفاعلة التي تستخدم لقياس ربحية العملية خاصة عند المقابلة بين شركات تختلف اختلافاً كبيرا في مقادير أصولها العادية .

كما يتضح أن الفقرة ذات الرقم (2) والتي تنص على (أصبح بالإمكان معرفة ما إذا كانت المؤسسة قد استردت الأموال التي استخدمتها عند ممارستها النشاط خلال نفس الفترة، بعد تطبيق معايير المحاسبة الدولية) قد حصلت على المرتبة الأخيرة من بين جميع الفقرات في المجال، بمتوسط حسابي لدرجة الموافقة (3.10) وانحراف معياري (1.46)، كما بلغ متوسط الفرق ما بين المتوسط الحسابي لدرجة موافقة أفراد عينة الدراسة من الشركات الصناعية المدرجة في بورصة عمان على محتوى الفقرة وقيمة الاختبار المعتمدة لقبول أو نفي الفقرة أو الفرضية (0.10)، لصالح درجة موافقة أفراد عينة الدراسة، وبلغت قيمة (ت) عند هذا المستوى من الفرق (0.48) وهي قيمة غير دالة إحصائياً عند مستوى الدلالة ($\alpha \leq 0.05$).

وأخيراً فيتضح من الجدول رقم (5-8) فقد بلغ المتوسط الحسابي لدرجة موافقة أفراد عينة الدراسة على متغير العلاقة ما بين مدى تطبيق معايير المحاسبة الدولية وكفاءة الأداء المالي للشركات الصناعية المدرجة في بورصة عمان مقاسة بالعائد إلى الأصول (3.49) وانحراف معياري (0.50)، كما بلغ متوسط الفرق ما بين المتوسط الحسابي لدرجة موافقة أفراد عينة الدراسة من الشركات الصناعية المدرجة في بورصة عمان على متغير العلاقة ما بين مدى تطبيق معايير المحاسبة الدولية وكفاءة الأداء المالي للشركات الصناعية المدرجة في بورصة عمان مقاسة بالعائد إلى الأصول وقيمة الاختبار المعتمدة لقبول أو نفي الفرضية (0.49)، لصالح درجة موافقة أفراد عينة الدراسة، وبلغت قيمة (ت) عند هذا المستوى من الفرق (6.97) وهي قيمة ذات دلالة إحصائية عند مستوى الدلالة ($\alpha \leq 0.05$). مما يعني رفض الفرضية الصفرية السابقة وقبول الفرضية البديلة التي تنص على: توجد علاقة ذات دلالة إحصائية بين مدى تطبيق معايير المحاسبة الدولية وكفاءة الأداء المالي للشركات الصناعية المدرجة في بورصة عمان مقاسة بالعائد إلى الأصول.

الفصل السادس

الملخص والنتائج

1-6 ملخص الدراسة

تناولت هذه الدراسة التي تتحدث عن المعايير المحاسبة الدولية والأداء للشركات الصناعية المساهمة العامة الإطار النظري والتحليل العملي مقسمة في ستة فصول , حيث أنّ الإطار النظري يشمل أربعة فصول , أما الفصل الخامس والسادس ينضمان تحت التحليل العملي للدراسة .

ولقد تناول الفصل الأول المقدمة للدراسة من حيث خلفية الدراسة والتي تهتم بالشركات الصناعية المساهمة العامة كمجال للبحث من حيث أن الشركات الصناعية تشكل النسبة الكبيرة في القيمة السوقية لسوق عمان المالي وتزيد عن (54%) من حجم السوق , وكذلك مشكلة الدراسة التي تتحدث عن التطورات الأخيرة في التجارة العالمية التي من شأنها أن تؤدي إلى موجة جديدة من تخفيف القواعد والإجراءات وإصلاح الإقتصاديات المحلية ومدى إلزام الشركات الصناعية بأن تتبع معايير محاسبية معينة تكون بمثابة المعين والمرشد لمستخدمي المعلومات في تقييم أسهم الشركة , حيث أن المعايير الدولية مخرج للدول النامية لتكون لها معايير سليمة تعكس الأداء المالي لشركاتها ومعرفة مدى وعلاقة تطبيق تلك المعايير على الأداء المالي لتلك الشركات , وأهداف الدراسة التي تسعى إلى التعرف على مدى إلتزام الشركات الصناعية المساهمة العامة والمدرجة في بورصة عمان بتطبيق معايير المحاسبة الدولية من خلال بيانات صافي الربح والعائد على الأصول وعائد السهم الواحد والقيمة السوقية للسهم والعائد على المبيعات والعائد على حقوق المساهمين .

وكذلك أهمية الدراسة لمعرفة مدى الإهتمام العالمي من قبل الشركات الصناعية المساهمة العامة بتطبيق معايير المحاسبة الدولية لما في ذلك من فوائد وآثار

إيجابية متعلقة بالإفصاح عن البيانات المالية والشفافية فى عمليات وأداء الشركات المساهمة وتحقيق الدقة والموضوعية في أعمال هذه الشركات , وفرضيات الدراسة التي إنطلقت من مشكلة البحث وأهداف الدراسة والتي هي خمسة فرضيات , وأيضا منهجية الدراسة التي تدل على إستخدام أسلوب المنهج الوصفي التحليلي للوصول إلى نتائج الدراسة من خلال تحليل البيانات المالية الإحصائية المتعلقة بمدى الإلتزام بتطبيق معايير المحاسبة الدولية وأثر ذلك على الأداء المالي للشركات الصناعية المساهمة العامة المدرجة في بورصة عمان , ويمثل إطار عينة الدراسة في إختيار عينة عشوائية إحتمالية بسيطة من (87) شركة وبلغ حجم العينة (31) شركة بنسبة (35%) من مجتمع الدراسة للتقارير المالية للشركات الصناعية للسنوات من (2000 - 2003) .

وفي مجال ومحددات الدراسة تم الأهتمام بالشركات الصناعية المساهمة العامة عن سواها من القطاعات الأخرى , وكذلك التعريفات الإجرائية لأهم المصطلحات التي تم إستخدامها في الدراسة , وأخيراً هيكل الدراسة الذي يعطي الوصف الكامل للدراسة .

حيث أن الفصل الثاني يتحدث عن الدراسات السابقة وفي هذا الفصل قام الباحث بجمع العديد من الدراسات السابقة التي تناولت موضوع الدراسة، أو أيا من محاورها، ولقد قام الباحث باستعارض اهداف الدراسات السابقة وما توصلت إليها من نتائج بالإضافة إلى التوصيات التي خرجت بها الدراسة.

ولقد ساهمت هذه الدراسة في توضيح طرق ووسائل البحث لدى الباحث، اذ استعان الباحث في هذه الدراسات في بناء المقياس، وآلية اختبار صدق وثبات هذا المقياس.

وأن الفصل الثالث يشمل الإطار النظري للدراسة ، حيث تطرق الباحث في هذا الفصل إلى الإطار النظري للسياسات المحاسبية التي شملت أهميتها وتطبيقها وكذلك لمعايير المحاسبة الدولية التي شملت شرح مفهومها وأنواعها والجهات المشرفة على إصدارها وأهميتها من حيث الإفصاح والشفافية والدقة والموضوعية وغيرها من المعايير المتعلقة بالبيانات المحاسبية.

والفصل الرابع الذي يتحدث عن هيكل وخصائص بورصة عمان (سوق عمان المالي) والأداء المالي للشركات الصناعية ، حيث تعتبر بورصة عمان إحدى أهم الأسواق المالية في منطقة الشرق الأوسط، حيث تتمتع بخصائص المكننة ودرجة الإفصاح العالية وتزايد أحجام التداول وارتفاع الرقم القياسي لمؤشرات الأسهم، إلا أن هذا السوق يعتبر صغير نسبيا مقارنة مع البورصات العربية والأجنبية، وتحتل الأسهم نسبة (0.90%) من حجم التداول بينما يبلغ تداول السندات نسبة(10%) كذلك فإن بورصة عمان لا تتعامل بالمشتقات المالية كعقود الخيار والعقود المستقبلية وعقود التبادل .

ويتم إدارة بورصة عمان من قبل ثلاثة مؤسسات مستقلة عن بعضها البعض وهي هيئة الأوراق المالية حيث أنها المسؤولة عن الإشراف على عمل البورصة ومركز الإيداع، بالإضافة إلى سن القوانين المنظمة لعمل البورصة وإصدار التراخيص لشركات الوساطة المالية.

ولقد اهتمت بورصة عمان للأوراق المالية بموضوع المعايير المحاسبية ومعايير التدقيق والإفصاح المالي وأن أهم ما يميز هذه السوق عن غيره من الأسواق الأخرى في الدول النامية هو حرصه الكامل على إظهار وإشهار ونشر المعلومات التي تهم كافة المتعاملين حتى لا تصبح حكراً لأحد دون الآخر.

وقد تم تحليل النتائج وإختبار الفرضيات في الفصل الخامس ، حيث قام الباحث في هـذا الفصـل باستعراض نتائج الدراسة واختبار الفرضيات لمعرفة مدى صحة أو عدم صحة الفرضيات، والتي مـن خلال اجابات افراد عينة الدراسة، تم التوصل إلى هذه النتائج. ولقد قام الباحث باسـتعراض نتـائج كل فرضية على حده، مع ترتيب الفقرات حسب اهميتها، ودرجة اجابة عينة الدراسة.

2-6 مناقشة النتائج

يتم في هذه الجزئية مناقشة النتائج التي توصلت إليها دراستنا، ومناقشتها من الدراسات السابقة، لمعرفة مدى توافق نتائج دراستنا مع الدراسات السابقة، من حيث متغيرات الدراسة، ومدى الاختلاف في نتائج الدراسة، مع بيان اسباب اختلاف نتائجنا مع الدراسات السابقة.

نتائج الفرضية الأولى:

لا توجد علاقة ذات دلالة إحصائية بين مدى تطبيق معايير المحاسبة الدولية وكفاءة الأداء المالي للشركات الصناعية المدرجة في بورصة عمان مقاسة بالقيمة السوقية للسهم.

وقام الباحث باستخدام اختبار (ت) للمجموعة الواحدة لمعرفة العلاقة ما بين مدى تطبيق معايير المحاسبة الدولية وكفاءة الأداء المالي للشركات الصناعية المدرجة في بورصة عمان مقاسة بالقيمة السوقية للسهم، ويتضح من الجدول رقم (5-4) أن المتوسط الحسابي لدرجة موافقة أفراد عينة الدراسة على متغير العلاقة ما بين مدى تطبيق معايير المحاسبة الدولية وكفاءة الأداء المالي للشركات الصناعية المدرجة في بورصة عمان مقاسة بالقيمة السوقية للسهم (3.55) بانحراف معياري (0.59)، وبلغ متوسط الفرق لدرجة موافقة أفراد عينة الدراسة من الشركات الصناعية المدرجة في بورصة عمان على العلاقة ما بين مدى تطبيق معايير المحاسبة الدولية وكفاءة الأداء المالي للشركات الصناعية المدرجة في بورصة عمان مقاسة بالقيمة السوقية للسهم وقيمة الاختبار المعتمدة لقبول أو نفي الفرضية (0.55)، لصالح درجة موافقة أفراد عينة الدراسة. مما يعني رفض الفرضية الصفرية السابقة وقبول البديلة التي تنص: توجد علاقة ذات دلالة إحصائية بين مدى تطبيق معايير

المحاسبة الدولية وكفاءة الأداء المالي للشركات الصناعية المدرجة في بورصة عمان مقاسة بالقيمة السوقية للسهم. ولقد تشابهت نتائج دراستنا مع نتائج دراسة كل من أمين عبدالله(1995) ودراسة مسودة(1992)، ودراسة العيسى (1991) بالإضافة إلى دراسة عبد السلام(1985)، ودراسة الغندور(1983) الذي اتفقوا على أهمية المعايير المحاسبية في بيان مكانة الشركة وبالتالي القدرة على تقييم أدائها المالي. والسبب في تشابه نتائج دراستنا مع الدراسات السابقة هو انه كان لتطبيق المعايير المحاسبية دور في رفع مستوى كفاءة الاداء المالي للشركات، اذ إن تطبيق هذه المعايير ساهمت بشكل فاعل في معرفة واقع الشركة، مما يؤثر على القيمة السوقية للسهم.

- نتائج الفرضية الثانية:

لا توجد علاقة ذات دلالة إحصائية بين مدى تطبيق معايير المحاسبة الدولية وكفاءة الأداء المالي للشركات الصناعية المدرجة في بورصة عمان مقاسة بعائد السهم الواحد.

احتلت الفقرة (7) في الجدول رقم (5-5) على المرتبة الأولى من بين جميع الفقرات في المجال، وكان لتطبيق معايير المحاسبة الدولية أثر على جذب للمستثمرين مما إنعكس على عائدات السهم وهذا مؤشراً يعكس وضع الشركة ونجاح إدارتها في اتخاذ القرارات الصحيحة.

وبلغ المتوسط الحسابي لموافقة عينة الدراسة على العلاقة بين تطبيق معايير المحاسبة الدولية وكفاءة الأداء المالي للشركات الصناعية المدرجة في بورصة عمان مقاسة بعائد السهم الواحد (3.50) وانحراف معياري (0.47)، في حين بلغ متوسط الفرق ما بين درجة موافقة أفراد عينة الدراسة من الشركات الصناعية المدرجة في بورصة عمان على متغير العلاقة بين تطبيق معايير المحاسبة الدولية

وكفاءة الأداء المالي للشركات الصناعية المدرجة في بورصة عمان مقاسة بعائد السهم الواحد وقيمة الاختبار المعتمدة لقبول أو نفي الفرضية (0.50)، لصالح درجة موافقة أفراد عينة الدراسة، عند مستوى فرق (7.42) وهي قيمة ذات دلالة إحصائية عند مستوى الدلالة ($\alpha \leq 0.05$). مما يعني رفض الفرضية الصفرية السابقة وقبول الفرضية البديلة التي تنص على: توجد علاقة ذات دلالة إحصائية بين مدى تطبيق معايير المحاسبة الدولية وكفاءة الأداء المالي للشركات الصناعية المدرجة في بورصة عمان مقاسة بعائد السهم الواحد.

ولقد اتفقت نتائج دراستنا مع كل من دراسة الدبعي ونصار(1999) ودراسة القضاة (1997) بالإضافة إلى دراسة قويدر(1993). ومن الطبيعي أن يكون لتطبيق المعايير المحاسبية الدولية في الشركات الصناعية تأثير على قيمة عائد السهم الواحد، اذ انها تعطي للمستثمر فكرة واضحة وجلية عن الشركة ووضعها المالي، الذي سوف ينعكس على اقبال المستثمرين على الاستثمار في الشركة، مما سيساعد على رفع عائد السهم الواحد.

- نتائج الفرضية الثالثة:

لا توجد علاقة ذات دلالة إحصائية بين مدى تطبيق معايير المحاسبة الدولية وكفاءة الأداء المالي للشركات الصناعية المدرجة في بورصة عمان مقاسة بالعائد إلى حقوق المساهمين.

يتبين من نتائج الدراسة بأن الفقرة 6 في الجدول رقم (5-6) احتلت المرتبة الأولى من بين جميع الفقرات، بمتوسط حسابي (3.88) وانحراف معياري (1.36)، لدرجة الموافقة، وأن المتوسط الحسابي لدرجة موافقة أفراد عينة الدراسة على متغير العلاقة ما بين مدى تطبيق معايير المحاسبة الدولية وكفاءة الأداء المالي للشركات الصناعية المدرجة في بورصة عمان مقاسة بالعائد إلى حقوق المساهمين

قد بلغ (3.59) وانحراف معياري (0.51)، وبلغت قيمة (ت) عند هذا المستوى من الفرق (8.16) وهي قيمة ذات دلالة إحصائية عند مستوى الدلالة ($\alpha \le 0.05$). مما يعني رفض الفرضية الصفرية السابقة وقبول الفرضية البديلة التي تنص على: توجد علاقة ذات دلالة إحصائية بين مدى تطبيق معايير المحاسبة الدولية وكفاءة الأداء المالي للشركات الصناعية المدرجة في بورصة عمان مقاسة بالعائد إلى حقوق المساهمين. ولقد اتفقت دراستنا مع كل من دراسة الدبعي ونصار(1999) ودراسة القضاة (1997)بالإضافة إلى دراسة قويدر(1993)، ودراسة مسودة (1992)، ودراسة العيسى (1991). ويرجع السبب في وجود علاقة بين تطبيق المعايير المحاسبية على عائد حقوق المساهمين، بانه للمعايير دور في معرفة واقع الشركة الفعلي، دون اي تحيز، بالإضافة إلى لتطبيق المعايير في الشركة سوف يساعد على زيادة اقبال المستثمرين مما يزيد من ارباح الشركة، والذي سوف ينعكس على حقوق المساهمين في الشركة.

- نتائج الفرضية الرابعة:

لا توجد علاقة ذات دلالة إحصائية بين مدى تطبيق معايير المحاسبة الدولية وكفاءة الأداء المالي للشركات الصناعية المدرجة في بورصة عمان مقاسة بالعائد إلى المبيعات.

بلغ متوسط الفرق ما بين المتوسط الحسابي لدرجة موافقة أفراد عينة الدراسة من الشركات الصناعية المدرجة في بورصة عمان على محتوى الفقرة وقيمة الاختبار المعتمدة لقبول أو نفي الفقرة أو الفرضية (0.94)، لدرجة موافقة أفراد عينة الدراسة، وبلغت قيمة (ت) عند هذا المستوى من الفرق (5.87) وهي قيمة ذات دلالة إحصائية عند مستوى الدلالة ($\alpha \le 0.05$)، مما يشير بوضح إلى أنه من خلال تطبيق معايير المحاسبة الدولية فإن نسبة العائد إلى المبيعات والتي تقيس

العلاقة بين صافي الربح والمبيعات أصبحت تعكس كفاءة الإدارة في إستغلال موارد المنشأة في تحقيق الأرباح، كما هو في الجدول (5-7)

كما بلغ متوسط الفرق ما بين المتوسط الحسابي لدرجة موافقة أفراد عينة الدراسة من الشركات الصناعية المدرجة في بورصة عمان على متغير العلاقة ما بين مدى تطبيق معايير المحاسبة الدولية وكفاءة الأداء المالي للشركات الصناعية المدرجة في بورصة عمان مقاسة بالعائد إلى المبيعات وقيمة الاختبار المعتمدة لقبول أو نفي الفرضية (0.57)، لصالح درجة موافقة أفراد عينة الدراسة، وبلغت قيمة (ت) عند هذا المستوى من الفرق (7.49) وهي قيمة ذات دلالة إحصائية عند مستوى الدلالة ($\alpha \geq 0.05$). مما يعني رفض الفرضية الصفرية السابقة وقبول الفرضية البديلة التي تنص على: توجد علاقة ذات دلالة إحصائية بين مدى تطبيق معايير المحاسبة الدولية وكفاءة الأداء المالي للشركات الصناعية المدرجة في بورصة عمان مقاسة بالعائد إلى المبيعات. ولقد اتفقت دراستنا مع دراسات كل من عبدالله(1995) ودراسة مسودة(1992)، ودراسة العيسى (1991) بالإضافة إلى دراسة عبدالسلام(1985)، ودراسة الغندور(1983). وهنا تبين انه للمعاير المحاسبية أثر على كفاءة اداء الشركة المالي من خلال قياس العائد على المبيعات، اذا ان الاستثمار في الشركة قد يساهم في دخول الشركة للاسواق الخارجية، او فتح اسواق جديدة، وانتاج منتجات جديدة مما يعمل على رفع مستوى عائد مقارنة بالمبيعات.

- **نتائج الفرضية الخامسة:**

لا توجد علاقة ذات دلالة إحصائية بين مدى تطبيق معايير المحاسبة الدولية وكفاءة الأداء المالي للشركات الصناعية المدرجة في بورصة عمان مقاسة بالعائد إلى الأصول.

تم اعتبار نسبة العائد إلى الأصول من النسب الفاعلة التي تستخدم لقياس ربحية العملية خاصة عند المقابلة بين شركات تختلف اختلافاً كبيرا في مقادير أصولها العادية، قد حصلت على المرتبة الأولى في الفقرة رقم(3) من الجدول (5-8)، وبلغت قيمة (ت) عند هذا المستوى من الفرق (4.15) وهي قيمة ذات دلالة إحصائية عند مستوى الدلالة ($\alpha \geq 0.05$)، مما يشير بوضوح إلى أنه من خلال تطبيق معايير المحاسبة الدولية فإنه تم اعتبار نسبة العائد إلى الأصول من النسب الفاعلة التي تستخدم لقياس ربحية العملية خاصة عند المقابلة بين شركات تختلف اختلافاً كبيرا في مقادير أصولها العادية .

كما بلغ متوسط الفرق على متغير العلاقة ما بين مدى تطبيق معايير المحاسبة الدولية وكفاءة الأداء المالي للشركات الصناعية المدرجة في بورصة عمان مقاسة بالعائد إلى الأصول وقيمة الاختبار المعتمدة لقبول أو نفي الفرضية (0.49)، وبلغت قيمة (ت) عند هذا المستوى من الفرق (6.97) وهي قيمة ذات دلالة إحصائية عند مستوى الدلالة ($\alpha \geq 0.05$). مما يعني رفض الفرضية الصفرية السابقة وقبول الفرضية البديلة التي تنص على: توجد علاقة ذات دلالة إحصائية بين مدى تطبيق معايير المحاسبة الدولية وكفاءة الأداء المالي للشركات الصناعية المدرجة في بورصة عمان مقاسة بالعائد إلى الأصول. ولقد اتفقت دراستنا مع كل من دراسة مسودة(1992)، ودراسة عبدالسلام(1985)، ودراسة العيسى (1991) ودراسة الغندور(1983)، ودراسة عبدالله(1995) , حيث يتبين ان

نسبة العائد إلى الأصول هو من النسبة الفاعلة التي تستخدم لقياس ربحية العملية خاصة عند المقابلة بين شركات تختلف إختلافا كبيراً في قيم أصولها العادية مما يؤدي إلى نوع من التنافس الحاد والقوي بين الشركات , حيث أن عملية التنافس والمفاضلة تؤدي إلى إتخاذ قرارات الإستثمار ومعرفة مدى درجة المخاطرة التي يتعرض لها المستثمر والوصول إلى الهدف الدقيق .

المراجع العربية

القرآن الكريم

أولاً : الكتب العلمية

- جميل توفيق، أساسيات في الإدارة المالية، بيروت، دار النهضة العربية، 1984.
- فهد الحويماني، المال والاستثمار في الأسواق المالية، ناشر فهد عبد الله الحويماني، الطبعة الأولى، 2002
- الراوي، حكمت ، المحاسبة الدولية ، دار حنين للنشر والتوزيع، عمان – الأردن ،1994.
- رمضان، زياد، أساسيات في الإدارة المالية ، دار الصفاء للنشر و التوزيع ، عمان ، 1996.
- متولي، عصام، 2003، تطوير التقارير والقوائم المالية المنشورة لتنشيط كفاءة سوق الخرطوم للأوراق المالية.
- محمد خان و هشام غرايبة، الإدارة المالية، مركز الكتب الأردني، 1995م.
- مفلح عقل، مقدمة في الإدارة المالية والتحليل المالي، دار المستقبل، عمان.
- حماد، طارق، موسوعة المعايير المحاسبية، شرح معايير المحاسبة الدولية المقارنة مع المعايير الأمريكية والبريطانية والمصرية،2002، الجزء الأول.
- عبد العال، طارق، واخرون، معايير المحاسبة المصرية، الإطار النظري، التطبيق العملي،الجزء الأول الطبعة الثانية بدون ناشر، 1999.
- أنس البكري الأسواق المالية والدولية , عمان , 2002م , دار المستقبل لنشر .

- محمد أبو نصار, جمعة حميدان, معايير المحاسبة والإبلاغ المالي الدولية, دار وائل للنشر – عمان – الطبعة الثانية – 2009.

- أسامة عزمي سلامة , الإستثمار بالأوراق المالية تحليل وإدارة , عمان دار السيدة للنشر , 2002م.

- جمال جويدان الجمل , الأسواق المالية والنقدية , عمان , دار صفاء للنشر 2002م .

- حسين علي خربوش وآخرون , أساسيات الإستثمار بين النظرية والتطبيق , عمان , دار زهران للنشر , 1999 م .

- حسين بني هاني , الأسواق المالية , الإسكندرية , الدار الجامعية للنشر 2003.

- زياد رمضان , مبادئ الإستثمار المالي والحقيقي , عمان , دار وائل للنشر 1999 .

- زياد رمضان , إدارة الأعمال المصرفية , عمان , دار صفاء للنشر 1997.

ظاهر القشي, مؤلفات منشورة 2009.

ثانياً : الرسائل الجامعية والبحوث غير المنشورة

- أسامة هياجنة ، أثر محددات هيكل رأس المال على الأداء المالي للشركات الصناعية المساهمة العامة في الأردن (1990 ، 1999) ، رسالة ماجستير – جامعة آل البيت – المفرق ، 2001م .

- الرفاعي، محمود، 1999، أثر المتغيرات الاقتصادية على أسعار الأسهم وحجم التداول في سوق عمان المالي 1997،1978، رسالة ماجستير، جامعة ال البيت.

- الغيلاني، وميض،1995، كفاءة سوق مسقط للأوراق المالية "دراسة تحليلية " رسالة ماجستير غير منشورة .

- برهومة، سمير، 2000، كفاءة بورصة عمان للأوراق المالية : دراسة أسعار أسهم قطاع البنوك عند المستوى الضعيف، رسالة ماجستير غير منشورة، جامعة آل البيت.

- رسلان ديرانية، الجامعة الأردنية، محددات الهيكل المالي في الشركات الصناعية المساهمة في الأردن ، رسالة ماجستير غير منشورة - كلية الدراسات العليل - الجامعة الأردنية - عمان ، 1992م.

- سحر ديب، الأداء المالي للشركات المساهمة العامة الصناعية الأردنية ، دراسة لمدى تطبيق نظرية الوكالة ،رسالة ماجستير ، الجامعة الأردنية ، عمان ، 1994.

- سناء مسودة، " مدى اعتماد الشركات المالية (البنوك والمؤسسات المالية) على القوائم المالية المدققة الصادرة عن الشركات المساهمة العامة الأردنية في اتخاذ قرارات الاستثمار وقرارات الائتمان"، رسالة ماجستير، الجامعة الأردنية، عمان، الأردن، 1992 .

- قويدر، على، 1993، دراسة تحليلية لاتجاه أسعار الأسهم للشركات المساهمة العامة المدرجة في سوق عمان المالية بالتطبيق على نموذج السير العشوائي، رسالة ماجستير غير منشورة، الجامعة الأردنية.

-برهومة سمير فهمي، كفاءة بورصة عمان للأوراق المالية، رسالة ماجستير، جامعة ال البيت، أيار سنة 2000.

-عبد الغني، سمير، المفهوم الشامل لكفاءة سوق الأوراق المالية، مجلة البنوك في الأردن، المجلد الثامن، العدد الخامس، عمان، أيار 1989.

- نزال, رولا, (2000), أثر الملكية الأجنبية على العائد والمخاطرة في بورصة عمان, رسالة ماجستير غير منشورة, الجامعة الأردنية - عمان.

ثالثاً : الدوريات العلمية

- فوزي غرايبة ورندا النبر، " مدى توفر الإيضاحات في التقارير المالية السنوية للشركات المساهمة العامة الصناعية في الأردن"، مجلة الدراسات، المجلد الرابع عشر، العدد الثامن، 1987.
- تركي محمد عبد السلام، " متطلبات الإفصاح العام وقياس مدى توفرها في التقارير المالية للشركات المساهمة السعودية"، مجلة مركز البحوث، كلية العلوم الإدارية، إبريل 1985.
- خالد أمين عبد الله، "الإفصاح ودوره في تنشيط التداول في أسواق رأس المال العربية"، المحاسب القانوني العربي، العدد 92، تشرين أول، 1995.
- خشارمة، حسين، تقييم أداء شركات القطاع العام في الأردن من وجهة نظر الشركات نفسها والأجهزة المسؤولة عنها، دراسة ميدانية، مجلة دراسات العلوم الإدارية، الجامعة الأردنية، المجلد29، العدد2، 2002 .
- صباح بدوي ورتاب خوري، دراسة تحركات أسعار الأسهم في سوق عمان المالي باستخدام النماذج القياسية، دراسات، عدد 1، 1997م.
- فاروق عبد الحليم الغندور، " دور البيانات المحاسبية لترشيد قرارات الاستثمار" المجلة العلمية لتجارة الأزهر، المجلد السابع، العدد السادس، 1983.
- منصور، طاهر وحسين حسين – استراتيجية التوزيع والأداء المالي في الصناعة الجلدية قي العراق – مجلة دراسات العلوم الإدارية – المجلد 30, العدد 2, 2003.
- نزال منار 1999 – مدى التزام الشركات الصناعية الأردنية بالسياسات المحاسبية في ضوء المعايير المحاسبية- جامعة الزيتونة – عمان .

- ياسين أحمد العيسى، " أهمية المعلومات المحاسبية ومدى توفرها في التقارير المالية المنشورة للشركات المساهمة في الأردن للمستثمرين في سوق عمان المالية". مجلة مؤتة للبحوث والدراسات، المجلد السادس، العدد الثاني، 1991.

-الخلايلة، محمود، واستنبولي، غدير، 1997، اثر التغير في النفقات الرأسمالية على الأسعار وحركة الأسهم دراسة ميدانية على الشركات المساهمة العامة الأردنية، دراسات العلوم الإدارية، المجلد (24)، العدد (1).

-القضاة، كمال، 1997، الشركات المساهمة العامة ونظرتها إلى تقييم السوق المالي لأسهمها، مجلة أبحاث اليرموك "سلسلة العلوم الإنسانية والاجتماعية " المجلد 3، العدد (1/ب)، ص 55،71.

-جهماني عمر، والأود احمد – التنبؤ بفشل الشركات المساهمة العامة الصناعية الأردنية باستخدام القياس متعدد الاتجاهات ، مجلة دراسة العلوم الإدارية – الجامعة الأردنية مجلد 31 – العدد 2 – 2004 .

رابعاً : المؤتمرات العلمية

- اشرف محمد عبد البديع، دور الإفصاح الفتري عن المعلومات وتقارير الفحص المحدود عليها، المؤتمر العلمي السادس للمحاسبين المصرين، أكتوبر 2001.

- البشاري، مصطفى، دراسة مقدمة في مؤتمر مستقبل مهنة المحاسبة، القاهرة، من تاريخ 19،20 مارس 2003.

- تطبيق المعايير الدولية وشفافية البيانات ضرورة لدخول الألفية الثالثة، خرباش في افتتاح مؤتمر معايير المحاسبة الدولية، جريدة البيان، 2003.

- صيام، زكريا، دراسة ميدانية مطبقة على الشركات الصناعية المساهمة العامة الأردنية، في مؤتمر مستقبل مهنة المحاسبة والمراجعة القاهرة، من تاريخ 19،20 مارس 2003.

خامساً : التراجم

- ترجمة المجمع العربي للمحاسبين القانونية، معايير المحاسبة الدولية، عمان، 1999.
- كيسو، دولند، تعريب د. احمد حجاج، المحاسبة المتوسطة، الجزء الأول، الطبعة الثانية.

سادساً : الانترنت

- الدراسة النظرية والتطبيقية لمعيار مخاطر المراجعة والأهمية النسبية، 2002.
- الدراسة النظرية والمقارنة بين المعايير السعودية الحالية والأمريكية والدولية المتعلقة بالمعالجة المحاسبية للمصروفات التسويقية والمصروفات الإدارية، معايير المصروفات الإدارية والتسويقية، 2002، إنترنت.
- الشبكة العربية للأسواق المالية، لماذا تفوقت بورصة ابو ظبي على بورصة الأردني مستوى الإفصاح، تاريخ (2001/12/6م)، إنترنت.
- معايير المحاسبة الدولية 2008 – 2009, إنترنت.
- يحيى الضبيبي, بيوت الأعمال اليمنية تفتقر للمعايير المحاسبية والمراجعة, 2009, دراسة غير منشورة, إنترنت.
- يحيى الضبيبي, دراسة إقتصادية تحذر من ضعف البنية المؤسسية لقطاع الأعمال في اليمن, 2009 – دراسة غير منشورة, إنترنت.

سابعاً : التقارير المالية والإدارية

- البنك المركزي ، النشرة الإحصائية الشهرية – 2005 ، حزيران المجلد 41، العدد 6.
- البنك المركزي، بيانات إحصائية سنوية (1964- 2003) ، دائرة الأبحاث ، عمان، تشرين الأول، 2004.

- بورصة عمان، التقرير السنوي الخامس 2003، سوق الأوراق المالية، عمان، الأردن.
- نظام التداول الإلكتروني في بورصة عمان، نشرة خاصة بمناسبة الاحتفال الرسمي ببدء التداول الإلكتروني في بورصة عمان بتاريخ 2000/8/29.
- هيئة الأوراق المالية، تعليمات الإفصاح والمعايير المحاسبية ومعايير التدقيق والشروط الواجب توافرها في مدققي حسابات الجهات الخاضعة لرقابة هيئة الأوراق المالية، رقم (1) 1998، الصادر عن مجلس مفوضي هيئة الأوراق المالية بالاستناد لأحكام المادتين (9) و (53) من قانون الأوراق المالية رقم (23) 1997، المواد من (24،25) وقد عمل به بتاريخ 1998/9/1.
-التقرير السنوي لبورصة عمان لعام 2003م.
-بورصة عمان ، النشرة الإحصائية الشهرية ، دائرة الأبحاث و العلاقات الخارجية، العدد 109، شباط – 2002 .
-تعليمات الإفصاح الخاصة ببورصة عمان، صادر بالاستناد لأحكام الفقرتين (ج،د) من المادة (26) من قانون الأوراق المالية، رقم(23)، والمادة(3)، 1997 وعمل بها اعتبار من تاريخ 1999/10/15م.
-هيئة الأوراق المالية، تعليمات الإفصاح والمعايير المحاسبية ومعايير التدقيق والشروط الواجب توافرها في مدققي حسابات الجهات الخاضعة لرقابة هيئة الأوراق المالية رقم (1) 1998، الصادر عن مجلس مفوضي هيئة الأوراق المالية بالاستناد لأحكام المادتين(9) و(53) من قانون الأوراق المالية رقم (23)1997، المواد من (5،9) وقد عمل به بتاريخ 1998/9/1.

المراجع باللغة الإنجليزية

BOOKS

A.Levitt, 1999. Quality Information. The Lifeblood of our Markets. The Economic Club of NewYork. NewYork N.Y., October 18,1999. http. www.see.govnews.spchidx.htm.

Alan J. Richardson and Michael Welker. " Social Disclsoure Financial Disclosure and the Cost of Capital". Accounting, Organizations and Society 26 (2001).

Anderson, Kay, " The Usefulness of Accounting and Other Information Disclosed in Corporate Annual Reports to Institutional Investors", Accounting and Business Research, 1986.

Anthony, H. & Ramesh(1992). Association between Accounting Performance Measures and Stock Prices: A Test of the Life Cycle Hypothesis.". Journal of Accounting and Economics 15.

C. Botosan. Disclosure level and the cost of equity capital. The Accounting Review, 1997.

E. Edwrads & R. Bell. The theory and Measurement of business income. Berkely. CA: University of California Press. 1961.

Financial Accounting Standards Board, NO. 132,Summary, (Feb.1998) - Internet.

G. Feltham & J. Ohlson. Valuation and Clean Surplus accounting for operating and financial activities. Contemporary Accounting Research. Spring, 1995.

Geffrey A. Hirt & Stanley B.Block, Fundamentales Of Investment Management، 4th Edition, Irwin .IL. 1993.

Greening, Marries Koei," Second Edition Treasury Operations, The World Bank. U.S.A Internet (2002).

International Accounting Standards Committee (IASC) Qualitative Characteristics of Financial Statement. (Jan. 1993), Internet.

International Accounting Standards, "Herrnie Van Greaning, Marivs Koen, "Second Edition Treasury Operations, The World Bank. USA(2002).

International Accounting Standards,"HerrnieVan.

OTHER

J. Ohlson. Earnings, book value, and dividends in security valuation. Contemporary Accounting Research. 1995.

Kormendi, R., and R. Lipe. 1987. "Earnings Innovations, Earnings Persistence and Stock Returns."Journal of Business 60 (July):

Kothari, S., Sloan, R., 1992, Information in Prices About Future Earnings: Implications for Earnings Response Coefficients, Journal of Accounting and Economics, 15.

M.Gibbin; A.J.Richardson; and J. Waterhouse, the Management of Financial Disclousre opponism, ritulism, policies and processes, Journal of Accounting Reearch. 1990.

Makhamreh، Muhsen، Corporate performance in Jordan : Analysis and Evaluation، Dirsat, Administrative

Sciences, Volume 28 , No.1, 2001 .

Martin, Roger D. " Coing - Concern Uncertainty Disclosures and Conditions : A Comparison of French, German, and U.S. Practices, " Journal of International Accounting Auditing and Taxation, 2000, Vol. 9 Issue 2.

Mary E :- Barth; Gery Clinch; and Toshi Shibana. " Market Effects of Recognition and Disclosure, 2000, Fbarth @ leland. Stanford. Edu.

Tyska Claudia Ruth, 2000, Management's preferences for accounting standards, Rutgers The State, University Of New Jersey.

Yasin Ahmad Mousa El - Issa, " Financial Reporting Environment in Jordan : The Need For Change". Mutah Journal for Research and Studies, Vol. 5 No. 2, 1990.

Ziad K. Al - Rai and Naim Dahmash. " The Effects of Applying International Accounting and Auditing Standards to the Accounting Profession in Jordan". In Advances in International Accounting. JAI Press Inc., 1998.

- Bergstrand, and Baier (2005). Do free Trade Aqreements Actually in crease Members international Trade, working paper, Federal Reserve Bank of Atlanta.
- Konishi, and Furusawa, (2003). Free Trade Networks, Department of econamics, Boston College.
- Ornelase, (2004). Endog enous Free Trade Aqreements and the Multilateral Trading System, Department of economics, university of Georgia.

ملحق رقم (1) مجتمع الدراسة

الشركات الصناعية المساهمة المدرجة في السوق المالي

الرقم	اسم الشركة	الرقم	اسم الشركة
1	مصانع الأسمنت الأردنية	32	السلفوكيماويات الأردنية
2	مناجم الفوسفات الأردنية	33	المركز العربي للصناعات الدوائية والكيماوية
3	الاستثمارات العامة	34	الأردنية لتجهيز وتسويق الدواجن
4	مصفاة البترول الأردنية	35	الكوثر للاستثمار
5	البوتاس العربية	36	العالمية الحديثة لصناعة الزيوت النباتية
6	الدباغة الأردنية	37	التنقيب للصناعات الإنشائية
7	الصناعية التجارية الزراعية/ الإنتاج	38	الموارد الصناعية الأردنية
8	مصانع الأجواخ الأردنية	39	الكابلات الأردنية الحديثة
9	الصناعات الصوفية	40	الدخان والسجائر الدولية
10	العربية لصناعة الأدوية	41	اتحاد الصناعات الكيماوية والزيوت النباتية

11	مصانع الخزف الأردنية	42	الزي لصناعة الألبسة الجاهزة
12	الألبان الأردنية	43	الوطنية لصناعة الكلورين
13	مصانع الورق والكرتون الأردنية	44	حديد الأردن
14	العامة للتعدين	45	مجمع الشرق الأوسط للصناعات الهندسية والإلكترونية والثقيلة
15	الأردنية لصناعة الأنابيب	46	المصانع العربية الدولية للأغذية
16	مصانع المنظفات الكيماوية العربية	47	التبغ والسجائر الأردنية
17	الغزل والنسيج الأردنية	48	العربية للاستثمار والتجارة الدولية
18	رافيا الصناعية للأكياس البلاستيكية	49	الصناعات والكبريت الأردنية/ اجيمكو
19	دار الدواء للتنمية والاستثمار	50	الصناعات الهندسية العربية
20	العربية لصناعة الألمنيوم / ارال	51	الأردنية الكويتية للمنتجات الزراعية والغذائية
21	المواشي والدواجن	52	العربية للمستلزمات الغذائية والطبية

22	العربية لصناعة وتجارة الورق	53	نيـــزك لصـــناعة القوالـــب والمعدات
23	الوطنية لصناعة الصلب	54	الوطنية للصناعات الهندسية المتعددة/ ناميكو
24	الصناعات الوطنية	55	الوطنية للصناعات النسيجية والبلاستيكية
25	الصناعات البتروكيماوية الوسيطة	56	الرازي للصناعات الدوائية
26	الصناعات الكيماوية الأردنية	57	الدولية لإنتاج الأقمشة
27	الأردنية لصناعة الصوف الصخري	58	الدولية للصناعات الخزفية
28	العالمية للصناعات الكيماوية	59	الشرق الأوسط للصناعات الدوائية والكيماوية والمستلزمات الطبية
29	صناعات علاء الدين	60	العربية للصناعات الكهربائية
30	الأردنية للصناعات الخشبية/ جوا يكو	61	اللؤلؤة لصناعة الورق الصحي
31	الوطنيـــة لصـــناعة الكوابـــل والأســـلاك الكهربائية	62	مصانع الاتحاد لإنتاج التبغ والسجائر

63	رم للصناعات المعدنية	76	الاتحاد للصناعات المتطورة
64	الوطنية للدواجن	77	الاستثمارات والصناعات المتكاملة
65	العربية لصناعة المواسير	78	البترول الوطنية
66	الصناعات الدوائية المتطورة	79	العالمية لصناعة المنظفات
67	دار الغذاء	80	المجموعة المتحدة للنسيج
68	العالمية لصناعة البصريات والسمعيات	81	ملح الصافي الأردنية
69	الوطنية لصناعة الألمنيوم	82	مصانع الزيوت النباتية الأردنية
70	الإقبال للطباعة والتغليف	83	الجنوب لصناعة الفلاتر
71	الباطون الجاهز والتوريدات الإنشائية	84	الأردن الدولية للصناعات
72	العصرية للصناعات الغذائية والزيوت النباتية	85	الدولية لصناعة السيلكا
73	دلتا للصناعات الغذائية	86	مجمع الشرق الأوسط للاستثمارات الدولية
74	المتحدة للصناعات الزجاجية	87	مغنيسيا الأردن
75	العامة للصناعات الهندسية		

فهرس المحتويات

الفصل الثالث

الإطار النظري لمعايير المحاسبة الدولية

الفصل الرابع
بورصة عمان (سوق عمان المالي)
والأداء المالي للشركات الصناعية

الفصل الخامس

نتائج الدراسة واختبار الفرضيات

الفصل السادس

الملخص والنتائج والتوصيات

Printed in the United States
By Bookmasters